Historias Verdadeiras Dos Asasinos En Serie Masculinos Máis Mortos

Amrahs Hseham

Published by mds0, 2024.

While every precaution has been taken in the preparation of this book, the publisher assumes no responsibility for errors or omissions, or for damages resulting from the use of the information contained herein.

HISTORIAS VERDADEIRAS DOS ASASINOS EN SERIE MASCULINOS MÁIS MORTOS

First edition. March 17, 2024.

Copyright © 2024 Amrahs Hseham.

ISBN: 979-8224388318

Written by Amrahs Hseham.

Índice

Sobre o Libro

O libro é un exame completo dalgúns dos criminais máis notorios e escalofriantes da historia. Desde a súa infancia ata os seus crimes atroces e a captura final, este libro ofrece unha visión detallada das vidas destes individuos malévolos. A través dunha investigación meticulosa e unha narración convincente, os lectores son levados a unha viaxe ás profundidades da depravación e da escuridade que habitaban estes asasinos.

O libro comeza cunha exploración detallada da vida e dos crimes de Ted Bundy, un dos asasinos en serie máis infames de Estados Unidos. A actitude encantadora de Bundy enmascaraba unha personalidade escura e retorcida, permitíndolle atraer a numerosas mulleres novas á súa morte. A través de entrevistas con sobreviventes, axentes da lei e familiares das vítimas, o libro debuxa unha imaxe vívida do reinado de terror de Bundy e da devastación que deixou ao seu paso.

Continuando, o libro afonda na vida de Jeffrey Dahmer, outro asasino en serie notorio que aterrorizou a Milwaukee a finais dos 80 e principios dos 90. Os espantosos crimes de Dahmer, que incluíron a violación, o asasinato e o desmembramento de 17 mozos e mozos, conmocionaron á nación e gañoulle o alcume de "Caníbal de Milwaukee". A través de entrevistas con axentes da orde e psicólogos, o libro explora a infancia problemática de Dahmer e os factores que contribuíron ao seu descenso á tolemia.

O libro tamén examina a vida e os crimes de John Wayne Gacy, un dos asasinos en serie máis prolíficos de Estados Unidos. Gacy, coñecido como o "Pallaso asasino", foi o responsable da violación e asasinato de polo menos 33 mozos e mozos na década de 1970. A través de entrevistas con familiares das vítimas e axentes da lei, o libro ofrece un relato escalofriante dos crimes de Gacy e do impacto que tiveron nas familias das súas vítimas e na comunidade en xeral.

Ademais destes infames asasinos, o libro tamén explora as vidas de individuos menos coñecidos pero igualmente depravados, como Gary

Ridgway, o "Green River Killer", que foi responsable dos asasinatos de polo menos 49 mulleres no estado de Washington e Dennis Rader, o "asasino BTK", que aterrorizou a zona de Wichita, Kansas, durante máis de 30 anos.

Ao longo do libro, os autores afondan na psicoloxía destes asasinos, examinando os factores que contribuíron ao seu comportamento violento. Tamén exploran o papel da aplicación da lei e do sistema de xustiza na detención destes criminais, destacando os desafíos aos que se enfrontaron para levar a estes perigosos individuos ante a xustiza.

O libro é unha lectura escalofriante e estimulante que arroxa luz sobre os aspectos máis escuros da natureza humana. É un testemuño da resistencia do espírito humano e dos esforzos incansables das forzas da orde ante un mal inimaxinable.

—**Autor**

1. Ted Bundy (Estados Unidos)

Theodore Robert Bundy, tamén coñecido como "Ted Bundy", era un asasino en serie crónico, pero ademais era famoso por cometer violacións como asaltos por secuestros. Tendo en conta os antecedentes penais de Ted Bundy, era a máis desafortunada das mulleres. Ao redor de 36 mulleres foron gravemente asasinadas por este verdugo.

Ted Bundy, coñecido polos seus flagrantes fechorías en Estados Unidos durante os anos 70, naceu o 24 de novembro de 1946 en Burlington, Vermont. Ted Bundy estaba ben nos bos vellos tempos, aínda que as batallas na casa convertérono nunha rareza inusual xa que se converteu nun adulto. Tras completar o proceso de titoría, Ted Bundy, que chegou á facultade, cometeu o seu primeiro delito en 1974, cando secuestrou e agrediu a unha moza.

Mentres estudaba na facultade, fixo que unha moza chamada Linda Haley fose a súa vítima. Crese que é o primeiro asasinato cometido por Ted Bundy. Despois disto, en comunidades urbanas como Washington e Oregón, secuestraría sutilmente e despois mataría mulleres e mozas que ían á escola.

Segundo a policía, Ted Bundy asasinou a 36 mulleres entre 1974 e 1978 en cada un dos sete territorios de Estados Unidos. Cóntase que despois do homicidio, decapitar os cadáveres e animar a casa converteuse no seu interese secundario. Durante o exame da policía, recuperáronse algunhas cabezas do almirah da súa casa.

Ted Bundy foi capturado pola policía do barrio o 16 de agosto de 1975 nun caso incautado, pero escapou das autoridades policiais. En ambos os casos, a policía localizou os dentes e as pegadas dixitais de Ted Bundy no grupo de dúas mulleres. Despois diso, Ted Bundy fuxiu das autoridades policiais varias veces. Porén, despois do 15 de febreiro de 1978, non puido fuxir.

Este verdugo espantoso recoñecera a súa feitura despois da súa captura e que cometera estas violacións en lugares mellores. Foi declarado "anxo caído" polo tribunal nos continuos argumentos contra el.

Ted Bundy matou brutal e viciosamente mulleres inocentes en toda América. Aquí tes un breve relato dos brutos crimes de Bundy:

Febreiro de 1974: secuestro e estrangulamento de Linda Ann Healy, de 21 anos, do campus da Universidade de Seattle.

Marzo de 1974: secuestro e asasinato de Donna Gail Manson, de 19 anos, estudante do Evergreen State College de Olimpia. O seu corpo nunca foi recuperado.

En abril de 1974, o secuestro e asasinato da estudante Susan Allen Rancourt, de 18 anos, da Universidade de Central Washington, chegou aos titulares.

Maio de 1974: secuestro, violación e asasinato de Roberta "Cathy" Park, de 20 anos, da Universidade Estatal de Oregón ao redor das 23.00 horas.

O 1 de xuño de 1974 fíxose público o secuestro e asasinato de Brenda Carol Ball, de 22 anos, en Burion, Seattle.

Georgian Hawkins, un mozo de 18 anos do distrito universitario de Seattle, foi secuestrado e estrangulado o 11 de xuño de 1974.

Xullo de 1974: secuestro e asasinato de Janice Anne Ott, de 23 anos, e de Denise Neslund, de 19.

18 de outubro de 1974: secuestro, violación e estrangulamento de Melissa Smith, de 17 anos, de Midvale, Utah.

Laura Ann Aim, de 17 anos, de Lehigh, Utah, foi secuestrada, violada e asasinada o 31 de outubro de 1974.

O 8 de novembro de 1974, un intento fallido de secuestrar a Carol Dornoch, de 18 anos, do centro comercial Fashion Place en Murray, Utah, disfrazada de policía. Debra Jean Kent, de 17 anos, foi secuestrada e asasinada ás 22:15 da mesma noite.

En xaneiro de 1975, o secuestro e asasinato de Caryn Aileen Campbell, de 23 anos, do Wildwood Inn de Snowmass, Colorado, cun forte golpe na cabeza. O corpo foi recuperado despois de trinta e seis días.

O 15 de marzo de 1975 produciuse o secuestro e asasinato da instrutora de esquí Julie Cunningham, de 26 anos, de Vail, Colorado. O seu corpo nunca foi atopado.

En abril de 1975, Dennis Lynn Oliverson, de 24 anos, foi secuestrado e asasinado en Grand Junction, Colorado, e arroxado ao río Colorado.

Maio de 1975: despois de secuestrar e matar a Lynette Don Culver, de 12 anos, botou o seu corpo ao río Snake.

Susan Curtis, unha estudante da Universidade Brigham Young de 15 anos, foi secuestrada e asasinada o 16 de xuño de 1975.

Ás 2:30 da mañá, o oficial da patrulla de estradas Bob Hayward detivo a Ted Bundy por primeira vez en Utah, seguido dunha persecución. No seu coche atopáronse unha máscara, luvas, corda, unha palanca e esposas. Ao día seguinte, recibiu fianza.

En outubro de 1975, Bundy intentou sen éxito secuestrar a Carol Darroch, de 18 anos, do centro comercial Fashion Place de Murray, Utah, o 8 de novembro de 1974, disfrazada de policía. Bundy foi arrestado por testemuño de Carol Daronch. O 1 de marzo de 1976 foi declarado culpable de secuestro agravado e condenado a 15 anos de prisión.

En outubro de 1976, Bundy foi acusado do asasinato de Carine Campbell e trasladouse a Aspen, Colorado en xaneiro de 1977 para afrontar os cargos polo asasinato de Campbell. En xuño de 1977, escapou por unha fiestra da Biblioteca de Dereito do cárcere do condado de Pitkin. Foi capturado de novo cinco días despois.

En decembro de 1977, Bundy escapou abrindo a terraza superior da súa cela da prisión.

Despois de escapar da prisión, viviu nunha casa alugada na capital de Florida, Tallahassee.

O 15 de xaneiro de 1978, ás 3 da mañá, Bundy entrou na casa da irmandade Chi Omega preto da Universidade Estatal de Florida e atacou a tres persoas alí. O ataque matou a Margaret Bowman, de 20 anos, e a Lisa Levy, de 21. Pouco despois deste baño de sangue, Bundy atacou a unha estudante chamada Cheryl Thomas. Thomas escapou por pouco do ataque.

O 9 de febreiro de 1978, Bundy secuestrou e matou a Kimberly Diane Leach, unha estudante de secundaria de 12 anos. Este foi o seu último asasinato.

O 15 de febreiro de 1978, unha patrulla da policía de Pensacola decatouse dun coche sospeitoso que circulaba a unha velocidade incontrolada. Cando o axente David Lee rastrexou o número do coche, resultou ser un coche roubado. Cando o coche foi parado, Bundy resistiuse ao arresto e deu a súa identificación e nome falsos, Kenneth.

Bundy revela a súa verdadeira identidade ao policía o 17 de febreiro de 1978.

En xullo de 1978, Bundy foi acusado dos asasinatos de Margaret Bowman e Lisa Levy e dos intentos de asasinato de Cheryl Thomas, Kathy Kleiner e Karen Chandler.

O 24 de xullo de 1979, Bundy foi declarado culpable dos asasinatos de Margaret Bowman e Lisa Levy e dos intentos de asasinato de Kleiner, Chandler e Thomas.

En febreiro de 1980, foi condenado a morte.

O 24 de xaneiro de 1989, ao redor das sete da mañá, foi condenado a morte para sempre despois de ser atado a unha cadeira eléctrica nun cárcere de Florida.

Dise que cando o perigoso asasino en serie de Estados Unidos, Theodore Robert Bundy, tamén coñecido como Ted Bundy, foi asasinado, a xente expresou a súa felicidade botando petardos fóra do cárcere.

2. Jeffrey Lionel Dahmer (Estados Unidos)

Caras inocentes, sorrisos asasinos e outras cousas que tocan directamente o corazón. Nado nunha familia con problemas, a idade nova, o exceso de alcohol e drogas facíao sentir solitario e enfadado. A familia tamén o separou polos seus estraños hábitos e comportamento.

Había tal personalidade neste asasino en serie. Este notorio asasino en serie de Ohio, Jeffrey Lionel Dahmer, era un asasino en serie que matou brutalmente a xente. Dahmer, Jeffrey Lionel, era un verdugo en serie e un delincuente sexual dos Estados Unidos. Despois da escola secundaria, Dahmer matriculouse na Universidade Estatal de Ohio e pasou a maior parte do seu tempo tomando drogas en lugar de dar clases. Dahmer alistouse no exército en 1979, pero continuou bebendo, e en 1981, só dous anos despois, foi despedido do exército por comportamento borracho.

Jeffrey Lionel Dahmer naceu o 21 de maio de 1960 en Wisconsin, Estados Unidos. Foi este home o que provocou o pánico en Ohio de 1978 a 1991. Neses 13 anos, Dahmer matou a 17 persoas. A policía estaba detrás del, pero escapaba cada vez.

As vítimas deste asasino en serie eran moitas veces homes. Jeffrey Dahmer adoitaba torturar aos homes antes de matalos. Primeiro mataría aos homes golpeándoos brutalmente e despois mantería relacións físicas cos seus cadáveres. Este asasino en serie non estaba satisfeito nin con isto, polo que adoitaba cortar as partes daqueles cadáveres e comelas. Dise que este asasino en serie tiña unha mania por recoller partes do corpo.

Os crimes de Jeffrey Lionel Dahmer foron graves e inhumanos ata o límite. Os métodos de asasinato de Dahmer incluían a violación, a amputación, a necrofilia e o canibalismo. Non só isto, senón que tamén adoitaba facer fotos da vítima durante o asasinato.

En xuño de 1978, para satisfacer os seus desexos homosexuais, invitou a Steven Hicks, de 18 anos, a beber na casa do seu pai. Cando Hicks comezou a saír, Dahmer golpeouno coa cabeza contra a parede. Despois, despois de cumprir o seu desexo, desmembraba o corpo, meteu as partes en bolsas de lixo e enterrouno no bosque circundante.

Dahmer pasou os seguintes seis anos vivindo coa súa avoa en West Allis, Wisconsin. Seguía tomando alcohol e a miúdo estaba preocupado pola policía. En setembro de 1986, foi detido por masturbarse nun lugar público. Foi encarcerado durante 10 meses.

En setembro de 1987, Dahmer coñeceu a Steven Twomi, de 26 anos, e ambos tiveron unha relación homosexual e beberon moito na habitación dun hotel. Tumi foi atopado morto pola mañá. Dahmer mete o corpo de Tumi nunha maleta e enterrano no soto da súa avoa.

O asasinato de Dahmer continuou. Atraeu á súa presa con licor e diñeiro gratis. Adoitaba drogalos, torturalos e despois estrangularos ata morrer. A miúdo gardaba varias porcións no conxelador, que adoitaba comer ocasionalmente.

Na noite do 22 de xullo de 1991, Dahmer fixo de Tracy Edwards a súa vítima número 18. Segundo Edwards, Dahmer intentou esposalo e os dous loitaron. Edwards escapou no medio da noite e foi visto pola policía no camiño coas esposas colgando dos pulsos. A policía parouno. Edwards cóntalles inmediatamente o seu encontro con Dahmer e lévaos ao seu apartamento.

Dahmer abriu a porta aos axentes e respondeu con calma ás súas preguntas. Aceptou desbloquear as esposas de Edwards e foi ao cuarto para recoller as chaves. Un dos axentes foi con el. Mirou arredor da sala. Cando abriu unha neveira, foron visibles partes do corpo e o cranio humano.

Deciden arrestar a Dahmer e tentar esposalo, pero a súa actitude tranquila cambia de súpeto e loita por escapar. Tomando a Dahmer baixo control, a policía iniciou un rexistro no apartamento.

Durante a investigación, a policía recuperou varios cadáveres en condicións mutiladas da casa deste asasino en serie. O que se atopou no apartamento de Dahmer foi espantoso. Os artigos atopados no seu apartamento incluíron unha cabeza humana e tres bolsas de órganos, incluíndo dous corazóns, atopados na neveira. Dentro dun conxelador estaban tres cabezas, un torso e varios órganos internos. Productos químicos, formaldehido, éter, cloroformo, dous cranios, dúas mans e xenitais masculinos. Dúas caveiras dentro dunha caixa. Ácido, máquinas de perforación, brocas, colchóns empapados de sangue e salpicaduras de sangue.

En maio de 1992, un tribunal de Ohio declarou a Jeffrey Dahmer culpable de asasinar só 15 persoas e condenouno a 957 anos de prisión.

Tamén pediu desculpas polos seus crimes: "Non odiaba a ninguén. Sabía que estaba enfermo, malo ou as dúas cousas. Agora creo que estaba enfermo. Os médicos faláronme da miña enfermidade e agora teño un pouco de paz. sabe canto dano causei. Grazas a Deus non haberá máis dano. Acepto que o Señor Xesucristo pode salvarme das miñas transgresións".

O 28 de novembro de 1994, Dahmer e a prisioneira Jessie Anderson foron mortos a golpes polo seu compañeiro Christopher Scarver mentres traballaban no ximnasio da prisión. Jeffrey Dahmer morreu na ambulancia antes de chegar ao hospital.

3. John Wayne Gacy (Estados Unidos)

O infame asasino en serie de Chicago, John Wayne Gacy, era un asasino en serie que adoitaba facer dos mozos as súas vítimas. Primeiro, adoitaba ter relacións físicas con eles e despois matalos brutalmente.

O asasino en serie John Wayne Gacy naceu o 17 de marzo de 1942 en Chicago, Estados Unidos. O pai de John Wayne Gacy adoitaba beber moito na casa e a miúdo pegaba aos nenos. Dise que John Wayne Gacy adoitaba estar deprimido polas travesuras do seu pai. Cando Gacy tiña 7 anos, foi agredido sexualmente repetidamente por un amigo da familia. Nunca llo dixo aos seus pais, temendo que o seu pai o castigase.

Na escola primaria, Gacy foi golpeado por unha enfermidade descoñecida que lle fixo engordar e molestarse cos seus compañeiros. Á idade de 11 anos, Gacy tiña un coágulo de sangue no seu cerebro, que tardou moito tempo en tratar. Faltou á escola cando chegou do hospital. A rabia e as malleiras do pai borracho aumentaron. Canso do comportamento do seu pai, abandonou a casa e chegou a Las Vegas.

Gacy traballou brevemente para un servizo de ambulancia en Las Vegas, pero despois foi trasladado a un tanatorio onde traballaba como asistente. Moitas veces pasaba noites só no tanatorio, onde durmía nun berce preto da sala de embalsamamento. Unha noite, Gacy entrou de súpeto nun cadaleito e abrazou o cadáver dun adolescente. Máis tarde, quedou moi confuso e conmocionado pola ilusión de que fora excitado sexualmente polo cadáver dun macho.

Ao día seguinte, chamou á súa nai e preguntoulle se podía volver á casa. O seu pai aceptou, e Gacy abandonou o tanatorio e volveu a Chicago. Deixando atrás a experiencia no tanatorio, asistiu ao Northwestern Business College e alí formouse en 1963, a pesar de non ter rematado o bacharelato. Logo asumiu un posto de prácticas na Nunn-Bush Shoe Company e logo trasladouse a Springfield, Illinois.

Unha moza chamada Marlynn Meyers adoitaba traballar no departamento de Gacy. Os dous comezaron a saír e casaron nove meses despois, en 1964. Despois da voda, os dous mudáronse a Waterloo, Iowa, onde Gacy dirixía tres restaurantes Kentucky Fried Chicken propiedade do pai de Marlynn. Aquí, Gacy pronto se involucrou nunha organización social chamada Waterloo Jessies. Pero os Waterloo Jessies tamén tiñan un lado escuro que incluía o consumo de drogas ilegais, o intercambio de esposas, as prostitutas e a pornografía.

Gacy comezou a participar regularmente nestas actividades e, durante este tempo, comezou a manter relacións sexuais con adolescentes. Moitos destes adolescentes traballaban no seu restaurante de polo. Para a diversión dos adolescentes, fixo un cuarto no soto o seu lugar. Cortexou aos rapaces con alcohol e pornografía gratuítos. Algúns dos rapaces resistíronse, pero despois de emborracharse demasiado, Gacy abusou deles sexualmente. Aos poucos, a súa coraxe foi crecendo. En agosto de 1967, Gacy contratou a Donald Voorhees, de 15 anos. Despois de rematar o traballo, Gacy leva ao adolescente ao seu soto coa promesa de cervexa gratis e unha película porno. Gacy obrigouno a manter relacións sexuais orais despois dunha copiosa cantidade de alcol.

Voorhees díxolle ao seu pai o incidente no soto, e o pai denunciouno inmediatamente á policía. Outra vítima de 16 anos tamén denunciou á policía o Gacy. Entón foi detido. Foi acusado de homosexualidade e condenado a 10 anos. En outubro de 1971, despois de cumprir só dous anos da súa condena, Gacy foi posto en liberdade e posto en liberdade condicional durante 12 meses debido ao bo comportamento en prisión.

Marlynn divorciouse del polas súas travesuras. Sen nada que facer en Waterloo, Gacy trasladouse a Chicago para reconstruír a súa vida e vivir coa súa nai. O pai xa falecera.

Mentres estaba no cárcere, aprendeu o traballo de cociñeiro. Conseguiu un traballo de cociñeiro e foi traballar para un contratista da construción. Gacy comprou máis tarde unha casa en Des Planes, Illinois, a 30 millas de Chicago. Gacy e a súa nai comezaron a vivir na mesma casa.

A principios de febreiro de 1971, Gacy intentou violar a un adolescente seducindoo na súa casa, pero o neno sobreviviu e acudiu á policía. Gacy foi acusado de agresión sexual, pero os cargos foron desestimados cando o adolescente non compareceu no xulgado.

O 2 de xaneiro de 1972, Timothy Jack McCoy, de 16 anos, estaba deitado na terminal de autobuses de Chicago. O seu autobús ía saír ao día seguinte. Gacy entón achegouse a el e ofreceulle un lugar para durmir na súa casa. Cando se resistiu á agresión sexual esa mesma noite, Timothy foi asasinado e enterrado no xardín traseiro da casa.

O 1 de xullo de 1972, Gacy casou con Carole Hoff por segunda vez. Pero o seu costume de acosar sexualmente aos adolescentes persistiu.

Mentres tanto, varios cadáveres seguen enterrados no curro da casa de Gacy. Un terrible fedor comezou a encher o aire, tanto dentro como fóra da casa de Gacy. Os veciños molestáronse.

En 1974, Gacy cambiou de traballo e comezou o seu propio negocio de pintura, decoración e mantemento. Gacy viu isto como outra forma de atraer aos adolescentes ao seu soto. Deu anuncios de emprego e despois comezou a convidar candidatos á súa casa co pretexto de falar do traballo.

Unha vez que os rapaces estaban dentro da súa casa, utilizou unha variedade de tácticas, deixándoos inconscientes e infligindo horribles e tráxicas torturas, case sempre levando á súa morte.

Ao mesmo tempo, Gacy tamén pasou un tempo establecéndose como un bo veciño e un bo líder comunitario. Desenvolveu estreitas amizades cos seus veciños dando festas e converténdose nunha cara coñecida. Vestíase e entretido como "Pogo o pallaso" nas festas de aniversario e nos hospitais infantís. John Wayne Gacy, que fixo unha boa acción de día, converteuse nun tráxico asasino pola noite.

Carol Hoff, a súa segunda esposa, divorciouse del en outubro de 1975. Agora Gacy centrouse no que máis significaba para el: manter o bo traballo na comunidade para que os mozos poidan ser violados e asasinados para conseguir a satisfacción sexual.

De 1976 a 1978, Gacy conseguiu ocultar 29 cadáveres detrás da súa casa, pero debido á falta de espazo e olor, botou os corpos das catro últimas vítimas ao río Des Moines.

O 11 de decembro de 1978, Robert Priest, de 15 anos, que traballaba para Gacy, desapareceu. Os seus pais puxéronse en contacto coa policía. A policía contactou con Gacy. Negou calquera información. A policía realizou unha verificación dos antecedentes dos gais, que revelou os antecedentes penais de Gacy, incluíndo o acoso e a condena dun menor e a pena de prisión. Esta información puxo a Gacy na parte superior da lista de potenciais sospeitosos.

O 13 de decembro de 1978, concedeuse unha orde de rexistro para a casa de Gacy en Somerdale Avenue. Estaba na comisaría prestando declaración cando os investigadores rexistraron a súa casa e os seus coches. Cando soubo que a súa casa fora rexistrada, estaba furioso.

As probas recollidas na casa de Gacy incluíron aneis, esposas, drogas, dous carné de conducir, pornografía infantil, insignias policiais, armas, munición, unha navaja, mostras de cabelo, recibos, varias roupas dos adolescentes, etc. Os investigadores tamén volveron, pero fixeron non atopou nada, e volveu rapidamente por mor do forte cheiro. Chamáronlle un problema de sumidoiros. Non obstante, o descubrimento levantou a sospeita de que Gacy era un pederasta activo e aínda era o seu principal sospeitoso.

O Gacy foi vixiado durante 24 horas. Os investigadores tamén continuaron a busca de Priest. Mentres tanto, Gacy estaba a gozar dun xogo de gato e rato co equipo de vixilancia.

Mentres estaba baixo vixilancia policial, Gacy foi informado de que se emitiu unha segunda orde de rexistro para a súa casa. Mentres tanto, Gacy foi trasladada ao hospital debido a dores no peito. E detrás da casa, a policía comezou de novo a investigación. Cando rematou a escavación, explotou a cociña de gas. Sabendo que o seu xogo estaba rematado, confesou matar a Robert Priest. Tamén confesou trinta e dous asasinatos adicionais que comezaron en 1974 e indicou que o número total podería chegar a 45.

A policía detivo ao asasino en serie John Wayne Gacy o 21 de decembro de 1978. Durante a investigación da casa de John, a policía recuperou os cadáveres de 29 mozos. Ao mesmo tempo, a policía non puido atopar probas contra John polo asasinato de só 12 persoas, polo que foi castigado. O asasino en serie John Wayne Gacy morreu por inxección letal o 10 de maio de 1994 en Illinois.

4. Alexander Pichushkin (Rusia)

En 2006, despois de que os cadáveres foron atopados un tras outro no parque Bitsa de Moscova e arredores, o pánico estendeuse por toda a zona. Este proceso de achado de cadáveres continuou durante uns tres anos. Estes asasinatos foron discutidos en programas de televisión nocturnos. Todo o mundo comezaba a sospeitar dun asasino en serie.

O parque Bitsevsky era bastante denso e verde. Este parque, como un bosque de árbores en crecemento, era un lugar tranquilo e fermoso para as persoas que o rodeaban, onde adoitaba acudir moita xente para pasear pola mañá e pola noite. A pesar da chegada de moita xente, este parque era tan grande que era doado atopar recunchos de paz para todos. Tamén había un supermercado preto deste parque onde traballaba unha moza chamada Larissa.

Larissa traballou aquí como vendedora e era unha muller normal. Un dependente que traballaba con ela no mesmo supermercado, Alexander, era un home de 32 anos de rostro moi normal, pálido e de forte estatura. A voz de Alexandre era profunda e falaba espiritualmente. Entre estas cousas serias, adoitaba dicir tales chistes que todos se rían.

En 2006, era a noite do 14 de xuño, e Alexander levaba moito tempo falando coa súa colega, Larissa. Larissa estaba a gozar moito destas cousas, e ás veces ría do sentido do humor de Alexander. Pero agora que o asunto chegou a unha nota seria, que é o amor? A discusión estaba en curso sobre este tema. Na súa maneira espiritual, ás veces adoitaba dicir que o amor é a verdade máis grande, e despois, no momento seguinte, era un gran engano. Tamén demostrou o amor como néctar cos seus argumentos. E escoitándoo nun estilo de monólogo, Larissa quedou profundamente impresionada por el.

Mentres falaba destas cousas, Alexandre parecía unha forza sobrenatural. Larissa estaba mirando para o seu rostro grave, inmersa

13

na atención. Entón Alexandre preguntoulle se entendía o que dicía. Cando Larissa asentiu, Alexander tamén dixo que nunca mentiu. Algún día, nesa gran corte, dirá que sempre dixo o que pensaba.

Larissa quedou impresionada e, nalgúns momentos, sorprendida, pero non tiña nin idea do tipo de persoa que era Alexander. Ela estaba a deixarse levar nestes momentos. Entón Alexander ofreceulle a Larisa un cigarro. Cando Larissa puxo o cigarro entre os beizos, Alexander acendeuno cun chisqueiro. Mentres tanto, facendo unha broma sobre os cigarros, Alexander dixo que os cigarros son mellores que as amigas, ás que podes poñer nos teus beizos en calquera momento e ela nunca fai berrinches. Larissa riu.

Larissa estaba inflando e Alexander falaba. Pasaba máis de media hora desde que ambos falaban. Agora Alexander ofrece a Larisa un paseo polo parque. Larisa preguntoulle en broma se seguía algunha filosofía de andar, e entón Alexander dixo cun sorriso astuto que quería visitar a tumba do seu can favorito e que estaría feliz se Larissa andase.

A Larissa é estraño que Alexander queira levala á tumba do seu can favorito. Larissa estaba a gozar de estar na compañía de Alexander, polo que aceptou. Mandoulle unha mensaxe ao seu fillo que ía dar un paseo polo parque con Alexander e que volvería despois dun tempo. Tamén deixou o número de Alexander nesta mensaxe. Os dous colleron as súas maletas e marcharon cara ao parque.

Mentres paseaban polas frondosas árbores do parque, ambos desapareceron nunha zona illada onde non había saída nin ninguén agás eles. Alexander, que ata agora falou do seu estilo, mencionou de súpeto os cadáveres atopados neste parque durante algún tempo e preguntoulle a Larissa, e entón Larissa dixo que, por suposto, sabía diso. Entón Alexander preguntou, cun sorriso torto, se non tiña medo de vir aquí. Entón Larissa asustouse un pouco.

Alexander falaba destes asasinatos dos que Larissa nunca oíra falar na televisión nin na sociedade. Mentres tanto, Alexander, mirando a Larisa cunha risa simulada, dixo: "Lin unha liña nalgún lugar que creo que é moi precisa. Esa liña era que se alguén está preto de ti ou se está achegando a ti, entón o pracer terás. coñecelos e entendelos será moito máis cómodo que se os matas.

Despois de dicir isto, Alexander comezou a rir, e Larissa estaba agora asustada. Despois disto, cando Alexander comezou a falar da relación íntima e do asasinato, Larisa viuse rodeada de moitos tipos de dúbidas. Con todos estes malos pensamentos e moito camiñar, Larissa de súpeto comezou a sentirse moi cansa. Larisa tropezara un par de veces, e Alexander fíxolle fumar uns poucos cigarros máis durante este paseo.

Despois dun tempo, ocorreu que Alexander estaba falando sobre si mesmo, e Larissa jadeante comezou a falar para si mesma en voz baixa. En poucos momentos, Larissa quedou esnaquizada polo cansazo, o medo e a dúbida, e, jadeando pesadamente, agarrou un tronco de árbore coas dúas mans. Ela apoiouse na árbore, case agarrada a ela. Cando Larissa mirou a Alexander, tiña unha falsa esperanza de axuda, pero agora Alexander tiña un sorriso cruel no seu rostro. Larissa está convencida de que Alexander é o excéntrico asasino que pode ser o culpable dos asasinatos no parque.

Alexander: A árbore á que te aferras, Larissa, é onde se atopou un cadáver hai uns meses na parte traseira desta árbore. A cabeza da nena foi decapitada repetidamente do tronco desta árbore.

Larissa (murmurando e jadeando): Como o sabes?

Alexander: Pregunta incorrecta, Larissa. Creo que podes entender que agora ti tamén o sabes todo.

Os ollos de Larissa non podían abrir. Todo o seu corpo estaba relaxado e quedara durmida na árbore. Alexandre comezou a rascarlle a meixela coa casca da árbore. Alexander preguntaba se este cigarro acendido podía caer na pila de follas secas e prenderlle lume. Case inconsciente, Larissa xa non estaba en condicións de protestar.

Larissa (con voz algo aberta pero cansa): Entón vas matarme agora?

Alexander: Que outra opción teño? Podes entender, Larisa, que non teño outro xeito de facelo.

Entón Alexander rabuñou a gorxa de Larissa cunha cortiza afiada de árbore. Larissa seguía intentando dicir algo, e Alexander observaba lentamente agonizado. Momentos despois, Alexandre golpeou o pescozo e a cabeza de Larissa con tanta forza que Larissa afogouse e converteuse nun cadáver agarrado á mesma árbore. Alexander sentouse a falar con Larissa só durante un tempo e logo foi á súa casa.

Ao chegar á casa, Alexander refrescouse como de costume e tomou un baño. Entón, tarareando, abriu a botella de vodka e fixo a súa páxina. Despois de organizar a comida da neveira e da cociña, ceou mentres vía a televisión e foise durmir. Ao día seguinte, como de costume, Alexandre fixo todo o seu traballo e escribiu no seu diario. Despois de escribir o diario, mirou o seu taboleiro de xadrez favorito e escribiu algo nel cun bolígrafo.

Ao día seguinte, é dicir, o 16 de xuño de 2006, chamaron á porta de Alexandre. Cando Alexandre abriu a porta, algúns policías estaban na porta. Pediulles que entraran e serviran a auga correctamente. Estes axentes dixeron que o cadáver do seu colega, Larissa, fora atopado e que querían facer un interrogatorio ao respecto porque a última vez que Larissa foi vista con el nunha cámara. O que fixo Alexander despois desta sorpresa sorprendeu ao policía. Alexander comezou a dicir, cun sorriso:

Sen dúbida, chegaches ao lugar correcto. E asegúroche que despois disto, non terás que ir a ningún outro lugar porque teño as respostas a todas as túas preguntas. Cal é o problema? Por que non estás seguro? Mira, nunca mentín. Ben entendido, pero necesitas algunha proba. Agarda, déixame darche unha proba. Este diario é moi valioso para min porque escribín moito nel, o que vos será moi útil. E si, mira isto. Este é o meu taboleiro de xadrez favorito. Ten 64 cadrados. Non lembro, así que escribín a data de cada asasinato en cada praza. Síntoo, oficial, pero dúas das casillas do taboleiro quedaron baleiras.

Despois de escoitar todo isto, non houbo límite para a sorpresa dos policías porque Alexander tamén dixo que non debería entrar en pánico e que tamén diría a verdade no xulgado.

Despois da investigación e da investigación completa, o último día do xuízo de Alexander chegou despois dun cuarto de ano, é dicir, o 24 de outubro de 2007. Alexander foi declarado culpable de case 50 delitos de asasinato e tentativa de asasinato. El dixo repetidamente no xulgado:

"Súa honra, a vida sen matar para min é como vivir sen comida para ti. Estou dicindo o que sempre pensei. É verdade. E pídoche que non me culpes por asasinatos menores. Se fai isto, entón será. non sexa xustiza para as outras 11 ou 12 persoas ás que matei".

Despois de coñecer todo este caso, o tribunal pasou unha hora ese día en pronunciar o veredicto contra Alexander Pichushkin. Alexander foi condenado a cadea perpetua con instrucións de que o condenado permanecese en illamento durante os primeiros 15 anos da súa condena. Este asasino en serie foi chamado o "Asasino do taboleiro de xadrez", e descubriuse que era máis perigoso que os asasinos en serie máis infames do mundo. Despois do caso de Alexandre, houbo unha longa discusión sobre a reimplementación da pena de morte na lei rusa, e moitos expertos defenderon firmemente este castigo para criminais como Alexander.

Segundo a información, Pichushkin caera dun columpio nos seus anos de infancia, o que causou unha grave lesión cerebral. Esta lesión tivo un profundo efecto no seu estado de ánimo. Ademais das lesións internas, Alexander tiña un gran hematoma na fronte, polo que moitas veces se lle burlaban na escola. Esta falta de control e agresividade intensa mostrouse a través da vinganza de Alexandre.

O comportamento de Alexander converteuse nun problema tal que a súa nai decidiu colocalo nunha escola separada para nenos con necesidades especiais. Na súa nova escola, os seus profesores queríano moito, e alí tamén se comportou educadamente e agradablemente. En certo xeito, Alexander sacou a relucir a súa agresividade a través dunha partida de xadrez. O xadrez creou un vínculo profundo entre Alexandre e o seu avó. Pero a morte do seu avó rompeuno. Alexander cometeu o primeiro asasinato aos 18 anos cando a moza que lle gustaba comezou a saír con outro mozo.

Alexander foi ao Bitsa Park cunha botella de vodka e o seu taboleiro de xadrez e preguntou aos descoñecidos se querían unirse a el nun xogo. A maioría das vítimas de Alexandre eran homes vellos ou de mediana idade. Tamén había algunhas mulleres e nenos entre as vítimas. Alexandre adoitaba levar as súas vítimas ao lugar onde enterrara o seu can. Fainos sentar, xoga con eles ao xadrez e de súpeto mátaos.

As dez vítimas de Alexandre vivían no seu complexo de apartamentos, o que se pode entender pola súa afirmación de que é máis agradable e máis fácil matar ás persoas ás que estás preto.

O obxectivo de Alexander era matar un total de 64 casillas de xadrez. En moitos dos seus asasinatos, tamén tivo en conta o último desexo da vítima.

A pregunta era, por que Alexandre cometeu os asasinatos? Unha posibilidade podería ser a súa lesión infantil. En segundo lugar, a súa ferida foi burlada na escola. Estaba molesto cun complexo de inferioridade. Quería facer que os demais se sentisen como el sentía entón.

A emoción dominante que describiu Alexandre foi a autojusticia. Comportouse coma se lle estivese facendo un favor ás súas vítimas liberándoas a un mundo novo. Alexandre non considerou nin a realidade dos seus crimes nin a devastación causada por outros.

A Alexander Pichushkin non se lle diagnosticou ningunha enfermidade mental, pero parece que estaba tolo. A forma en que describiu os seus motivos demostraba que había algo no seu interior sobre o que non tiña control e que o facía actuar de forma inhumana.

Alexander Pichushkin naceu o 9 de abril de 1974 en Moscova, Rusia. Hoxe, Pichushkin cumpre o último día da súa condena na prisión "Polar Owl" do Ártico.

5. Earle Leonard Nelson (Estados Unidos)

E arle Leonard Nelson naceu o 12 de maio de 1897 en San Francisco, California, Estados Unidos. Earle Leonard Nelson foi un asasino en serie, violador e violador de cadáveres estadounidense. Está considerado o primeiro asasino sexual en serie coñecido do século XX. Nelson era un home de aspecto estraño. Tiña unha fronte grande, beizos abultados e mans longas, o que lle valeu o sobrenome de "O asasino de gorila".

Nelson tivo unha infancia moi difícil. Cando tiña dous anos morreron tanto a súa nai como o seu pai. Máis tarde foi criada pola súa avoa. Cando tiña 10 anos, chocou contra un coche mentres ía en bicicleta pola rúa, caeu de cabeza e desmaiouse. Despois de aproximadamente unha semana, cando recuperou a consciencia, comezou a comportarse como un lunático. Dores de cabeza e perda de memoria fixéronse habituais. Así empezou a pasar a súa vida. Cando a súa avoa faleceu aos 14 anos, vivía coa súa tía Lillian.

Volveuse adicto ao sexo pervertido cando tiña entre 12 e 13 anos e comezaba a masturbarse cada vez que vía unha rapaza que viña ou marchaba. En 1915, con 17 anos, foi condenado a dous anos de prisión por saquear a casa de alguén. Durante algún tempo, serviu na Mariña dos Estados Unidos, pero debido aos seus estraños hábitos e mal comportamento, foi despedido de alí e ingresado no Napa State Mental Hospital en California. Fuxiu do hospital tres veces, e despois o persoal do hospital deixou de buscalo.

Aos 21 anos, Nelson comezou a cometer delitos sexuais. En 1921, Nelson intentou violar a unha nena de 12 anos chamada Mary Summers, que vivía no barrio. A xente colleu del cando a nena deu a voz de alarma. A policía volveu ingresar no Hospital Mental Estatal de Napa. Foi liberado do Instituto Mental de Napa en 1925 e comezou unha serie de asasinatos a principios de 1926.

A maioría das vítimas de Nelson eran propietarios, cos que adoitaba contactar co pretexto de alugar unha habitación.

Earle fixo a súa primeira vítima, Clara Newman, o 20 de febreiro de 1926. Clara Newman era unha viúva de 62 anos e propietaria de varias pensións. Había un cuarto baleiro na súa casa de Pierce Street, onde ela vivía, e na porta había un cartel coas palabras "To Let".

Earle Stanley Nelson, vestido cun traxe limpo e como un cabaleiro, achegouse á porta de Clara Newman e tocou o timbre. Clara vivía na casa co seu sobriño, Merton Newman, pero estaba soa nese momento. Ela mesma abriu a porta e Nelson expresou educadamente o seu desexo de alugar o cuarto. Clara invitou a Earle Stanley Nelson a entrar.

Era unha fría mañá de sábado de febreiro. Unhas dúas horas despois, cando o sobriño de Clara, Merton Newman, regresou á casa, viu a un home que levaba unha gorra ata a parte superior dos ollos e saía pola porta.

Merton preguntoulle sorprendido ao estraño: "Quen es ti?"

Merton Newman non podía ver ben ao home, xa que todo o seu corpo estaba cuberto de roupa.

O home (Earle Stanley Nelson) dixo sorprendido: "Dille á dona que volverei dentro dun tempo. Quero alugar unha habitación".

Entón, sen esperar resposta, o descoñecido desapareceu entre a néboa.

Merton Newman entrou na cociña, chamando pola tía Clara. Alí, o leite quedou moi espeso ao ferver. Axiña apagou o gas e murmurou: "A tía estase facendo esquecedora".

Merton buscou varias habitacións, chegando finalmente a unha habitación do segundo andar, cos ollos chorando de medo. Clara estaba deitada espida debaixo da cama. Tamén había marcas de feridas no seu corpo, que indicaban que fora agredida. A autopsia revelou que Clara foi asasinada por estrangulamento. O máis triste foi que Clara foi violada despois da súa morte.

O 2 de marzo de 1926, en San José, morreu estrangulada unha anciá de 63 anos chamada Laura Beale. A autopsia revelou que tamén foi violada despois da súa morte.

Laura Beale era unha muller adiñeirada, traballadora da igrexa e líder da Christian Women's Restraint Association. O cinto de corda de seda estaba tan axustado ao seu pescozo que quedou atrapada na carne. Foi envolto con forza ao seu pescozo varias veces. O acusado tamén acudiu ao domicilio de Laura Beale para conseguir un cuarto para alugar.

En marzo de 1926, Nelson atacou a varias mulleres, pero todas sobreviviron.

Nelson puxo un pano na boca da señora Courier e intentou estrangulara. Conseguiu saír da casa e o asasino fuxiu.

Nelson intentou poñer un lazo ao pescozo da señora Vickers, pero ela escapou por pouco do ataque. Aquí tamén, Nelson quería alugar un apartamento.

O mesmo día, Elsie Ehlert estaba nunha tenda de San José. Entón Nelson intentou estrangulara pero non tivo éxito. Edna Martano escapou por pouco dun ataque semellante.

Regina Bertsher, de 21 anos, foi atacada por Nelson dúas veces nun só día. Cando Regina Bertsher estaba no céspede traseiro da súa casa pola mañá cedo, Nelson atacouna trepando por unha parede. Pero Regina Bertsher rascouno mal coas súas grandes uñas e comezou a chorar. Nelson fuxiu, asustado e molesto.

Pola tarde, en canto Regina Bertsher abriu a porta para saír da casa, Nelson, que se agochaba preto, volveu atacar. Pero Regina Bertsher inmediatamente pechou a porta.

O 13 de marzo de 1926, o asasino foi visto e informouse á policía. A policía detivo varios sospeitosos do caso de estrangulamento, pero ningún puido ser condenado.

Nelson morreu de xeonllos o 10 de xuño de 1926 na casa de Lillian St. Mary, de 63 anos, de San Francisco. Estaba a piques de saír da casa cando apareceu un home que lle pedía un cuarto para alugar. Nelson estrangulou e violou a Santa María en canto entrou na casa. Nelson mutilou a Mary no seu ataque diabólico. O 24 de xuño de 1926, Nelson aloxouse nun hotel de Santa Bárbara, California. Na habitación ao seu lado estaba Ollie Russell, de 35 anos. Durante a noite, apuntou cara ao seu cuarto. Cando a porta se abriu, empuxou a Ollie Russell e pechou a porta. Ao escoitar unha liorta, un convidado asomouse polo oco da chave e viu a un home loitando cunha muller. Pensaba que se estaban a divertir porque non se oía ningún berro. Entón foi ao seu cuarto e durmiu.

Nelson violou a Russell e estrangouna cunha corda, deixando o seu corpo na cama.

O 16 de agosto de 1926, Nelson entrou nun apartamento de Oakland, California co pretexto de alugar unha casa, e matou a Mary C. Nisbet, a propietaria do apartamento, de 51 anos, dándolle unha toalla no pescozo.

Algunhas testemuñas oculares viran ao asasino de preto e describiuno como un home parecido a un gorila.

O 19 de outubro de 1926, Nelson saíu de novo á caza. Esta vez estrangulou e violou a Beat Bee Withers, de 35 anos, en Portland, Oregón.

Dous días despois, os seus demos rexurdiron e o 21 de outubro de 1926, Nelson estrangou a Virginia Ada Grant, de 59 anos, en Portland, Oregón. Atopárona ao día seguinte, tirada morta no soto da súa casa baleira. Tamén faltaban os seus pendentes e un anel.

O 23 de outubro de 1926, Mabel H. Fluke Macdonald, de 35 anos, foi estrangulada pola súa bufanda en Portland, Oregón. Tamén foi violada. Tamén tiña un cuarto baleiro de aluguer.

O 18 de novembro de 1926, Nelson veu alugar un cuarto a Willie Anna Edmonds, unha viúva de 56 anos de San Francisco, California. Tamén morreu estrangulada e sufriu abusos sexuais. As súas xoias tamén foron roubadas.

O día seguinte deste incidente, o 19 de novembro de 1926, en Burlingame, California, a señora HC Murray, de 28 anos, escapou por pouco do ataque de Nelson. Ela estaba ensinándolle a casa de aluguer cando a agarrou por detrás. Nelson intentou matalo estrangulando. A señora Murray rabuñou a cara e a man de Nelson, e ela comezou a berrar, facendo que Nelson fuxise asustado.

En California, a señora HC Murray virao, polo que Nelson fuxiu a Washington para escapar da policía.

O 23 de novembro de 1926, mentres paseaba polas rúas de Seattle, decatouse dunha casa dispoñible para a venda. Alí atopou a Florence Monxo, unha viúva de 48 anos que vendía a súa casa. Nelson esta vez violou primeiro a Florence e despois estrangulouna ata morrer como antes. Tamén roubou de aquí algúns adornos.

O 29 de novembro de 1926, Nelson matou a unha muller de 48 anos, Blanche Myers, cun pano e violouna mentres miraba un cuarto para alugar en Portland, Oregón.

Almira Clements Berard foi asasinada o 23 de decembro de 1926 en Council Bluffs, Iowa. Foi abusada sexualmente. Ata unha camisa ao pescozo. A xente escoitara a Berard falar cun estraño sobre alugar unha habitación.

Bonnie Copenhauer Pace foi executada na súa casa de Kansas City, Missouri, o 27 de decembro de 1926. Foi violada, golpeada e estrangulada.

Ao día seguinte, o 28 de decembro de 1926, en Kansas City, Missouri, Nelson matou tanto a unha muller de 28 anos, Germaine Harpin, como ao seu fillo de oito meses, Robert Harpin. Nelson tamén violou a Xermania despois da súa morte.

O 27 de abril de 1927, Nelson entrou na casa de Mary E. McConnell, de 53 anos, en Filadelfia, Pensilvania, e atacoua. Violouna estrangulándoa cun pano por detrás. Tamén lle roubou un reloxo de ouro da súa casa.

O 30 de maio de 1927, en Buffalo, Nova York, Nelson alugou unha habitación a Jenny Randolph, de 55 anos, e matouna estrangulada cunha toalla esa mesma noite. Tamén violou a Jenny morta e logo fuxiu. O 2 de xuño de 1927, Mary Cecilia Sietsema, de 27 anos, foi asasinada en Chicago, Illinois. Foi violada e estrangulada cun cable telefónico.

Cando a policía comezou a percorrer vigorosamente o país en busca do asasino en serie Nelson, el fuxiu a Canadá. Tamén aquí comezou a buscar vítimas de asasinatos e violacións. Finalmente, a súa busca chegou ao fin en Winnipeg, Manitoba.

O 9 de xuño de 1927, en Winnipeg, Manitoba, Nelson viu a unha nena de 13 anos, Lola Margaret Cowan. Ela ía de porta en porta vendendo flores. Nelson alugara un cuarto preto. Co pretexto de comprar flores, invitou a Cowan ao seu cuarto e fuxiu despois de matala e violala.

Ao día seguinte, o 10 de xuño de 1927, Nelson violou e estrangulou a Emily Patterson, de 27 anos, ata a morte en Winnipeg, Manitoba. Tamén lle roubáronse algunhas cousas valiosas da súa casa. Emily Patterson converteuse na última vítima de Nelson. O final de Nelson estaba preto.

Despois de matar a Emily Patterson, Nelson foi a unha tenda de roupa vintage onde vendía artigos roubados da casa de Patterson. Despois acudiu a un barbeiro para afeitarse, onde o barbeiro viu o cabelo de Nelson manchado de sangue e denunciouno en segredo á policía.

O 16 de xuño de 1927, a policía de Killarney, Manitoba, detivo a Nelson por dous asasinatos canadenses, mentres camiñaba en busca da súa próxima vítima. Nelson cambiou o seu nome a "Virgil Wilson" para enganar á policía. Mentres tanto, escapou da custodia facendo un farol á policía.

Nelson corría polas vías do tren, e a policía e o público corrían detrás del para atrapalo. Esta carreira de ratos e gatos continuou durante máis de 12 horas. E finalmente, Nelson quedou atrapado debaixo dunha ponte de ferrocarril. Esta vez, non se opuxo.

Nelson derramou o seu verdadeiro nome durante un intenso interrogatorio. Os seus feitos escuros fixéronse evidentes para o mundo. Cando o nome de Nelson apareceu nos medios de comunicación, unhas 4.000 persoas reuníronse fóra da comisaría para albiscar ao salvaxe asasino.

Nelson foi xulgado o 1 de novembro de 1927 nun tribunal de Winnipeg, Manitoba, acusado do asasinato de Emily Patterson. Máis de 60 testemuñas foron chamadas ao xulgado.

Durante o seu encarceramento, Nelson declarou que non era culpable de ningún delito. Dixo que os asasinatos eran a vontade de Deus.

Nelson estaba retido nunha "célula da morte" e aínda non fora condenado porque os axentes temían que a turba puidese matalo.

O 5 de novembro de 1927, Nelson foi condenado a morte polo xuíz Dysart polo asasinato de Emily Patterson. Non foi acusado de ningún asasinato nos Estados Unidos.

Nelson declarouse tolo para defendelo. Pero despois dun xuízo de catro días, foi declarado culpable e o venres 13 de xaneiro de 1928, Earle Leonard Nelson, o asasino de máis de 22 persoas, foi aforcado na prisión de Vaughan Street, Winnipeg, Manitoba. "Perdoo a todos aqueles que non me fixeron xustiza", dixo Nelson nas súas últimas palabras. O seu corpo foi enviado á súa tía Lillian en San Francisco, California.

6. Peter Kuerten (Alemaña)

Coñecido como o "Vampiro de Dusseldorf". O seu motivo foi claro dende o principio: vingarse da sociedade. Nunca se arrepentiu dos seus crimes, aínda que a sociedade o seguía condenando. Matou homes, mulleres, nenos e ata mascotas! Que tipo de vinganza foi esta? Peter Kuerten naceu o 26 de maio de 1883 en Mülheim am Rhein, Colonia. A súa familia estaba formada por trece fillos, sendo el o maior. Creceu na pobreza e viu moita violencia. Os 15 membros da familia vivían nun apartamento dun cuarto. O seu pai era alcohólico e adúltero. Ao volver á casa do traballo pola noite, adoitaba pegar aos fillos e á muller e violala diante dos nenos. Nos anos posteriores, tamén agrediu sexualmente ás súas dúas fillas. En 1897, foi encarcerado durante trinta e seis meses por este cargo. Sufrindo o acoso do seu marido, a nai de Kuerten divorciouse, casouse de novo e trasladouse a Dusseldorf.

Aos nove anos, mentres xogaba no río Rin, Peter empuxou a un amigo á auga desde unha balsa. Cando o neno comezou a afogarse, outro neno botouse á auga para salvalo. Peter Kuerten mantívose a ambos baixo a auga ata que se asfixiaron. A morte destes dous mozos foi máis tarde atribuída a un accidente, e Peter escapou limpo.

Así, a morte de persoas converteuse nun xogo para Peter Kuerten. Pronto, fíxose amigo dun cazador de cans que vivía preto. Con isto, Pedro tamén comezou a dar voltas polas rúas e a atrapar animais vagabundos. Máis tarde, estes animais foron torturados ata a morte. Peter tamén comezou a ser un participante activo neste traballo.

Aos 13 anos, Kuerten fíxose amigo dunha moza da súa mesma idade. Cando Kuerten intentou abusar dela sexualmente, a moza parouno. Ela permitiulle facer o amor ata o cumio, pero negouse a ter relacións.

Para satisfacer os seus impulsos sexuais, Cuerten brutalizou ovellas, porcos e cabras nos establos locais e despois apuñalou os animais.

Tamén intentou violar á mesma irmá a quen o seu pai molestara anteriormente.

Aos 16 anos, Peter roubou unha casa, fuxiu a Coblenza e cometeu pequenos delitos para subsistir. Foi capturado catro semanas despois e condenado a un mes de prisión por roubo. Empezou a cometer crimes de novo despois de saír do cárcere.

En novembro de 1899, Kuerten colleu a unha moza de 18 anos, Alstrae, e levouna consigo ao Hofgarten. Mantivo relacións sexuais coa moza á forza e estrangouna inconscientemente antes de abandonala por morta. Sentía que esta era a única forma de conseguir o éxtase sexual.

En outubro de 1900, Kuerten foi arrestado en Derendorf acusado de roubo e fraude e condenado a catro anos de prisión.

Despois da súa saída de prisión en 1904, Kuerten tivo que realizar o servizo necesario no Exército Imperial Alemán. Foi destinado á cidade de Metz en Lorena para servir no 98º Rexemento de Infantería.

Unha fría noite de inverno, nun ataque de excitación sexual, intentou atrapar un animal perdido non lonxe da súa tenda militar. Cando o animal fuxiu, Pedro lanzou cara a el o pau ardendo. O animal fuxiu, pero a colleita seca que estaba preto incendiouse. O lume estendeuse ata as tendas militares. Tras a investigación, Kuerten foi xulgado nun tribunal militar e condenado a oito anos.

Peter saíu do cárcere no ano 1913. Volveu entregarse ao crime. O 25 de maio de 1913, Peter entrou nunha casa illada en Rhein, Colonia, coa intención de roubar. Estaba roubando obxectos de valor cando chegou alí unha nena de 10 anos chamada Christine Klein, que estaba durmindo noutra habitación. Ao vela, Peter pechou a boca e matouna sen piedade con varios coitelos, logo fuxiu despois de recoller obxectos de valor.

Dous meses despois, Kuerten entrou nunha casa de Dusseldorf para roubar. Alí estrangulaba a unha moza de 17 anos chamada Gertrude Franken mentres durmía e tamén se masturbaba con ela. Despois roubou os obxectos de valor e fuxiu.

O 14 de xullo de 1913, Kuerten foi detido na cidade de Bregue acusado de incendio, asalto e varios roubos. Foi condenado a seis anos de cárcere, que posteriormente foi aumentado a oito anos. Despois da súa liberación en abril de 1921, Kuerten emigrou a Altenberg. Aquí coñeceu a unha antiga prostituta chamada Auguste Scharf. Foi condenada polo asasinato do seu primeiro noivo e pasou catro anos en prisión. Pronto, ambos casaron.

No ano 1925, chegou a Dusseldorf coa súa muller, Scharf, e comezou a traballar alí. Pasaron tres ou catro anos, pero a súa mentalidade criminal non cambiou. Pronto, mantivo relacións sexuais ilícitas con dúas mulleres chamadas Tyde e Mech. Adoitaba torturalos e manter relacións sexuais con eles. Dixo que adoitaba sentirse éxtase por ter relacións sexuais mentres estrangulaba ás nenas.

Pronto, a súa muller, Auguste, decátase da infidelidade do seu marido. Auguste interroga a Tide e Mech. Tide afirmou que Kuerten a seducira; Mech alegou que Kuerten a atrapara. Así, Kuerten recibiu unha condena de oito meses de prisión por sedución e comportamento ameazante.

Despois da súa liberación, o 3 de febreiro de 1929, Kuerten secuestrou a unha anciá chamada Apollonia Kuhn en Flingern Nord e levouna detrás dos arbustos próximos, apuñalándoa 24 veces cunhas tesoiras. Tivo a sorte de sobrevivir.

A noite do 9 de febreiro de 1929, Kuerten secuestrou unha nena de nove anos chamada Rosa Ohliger camiño de Flingern Nord e matouna cortándolle o corpo cunhas tesoiras. Máis tarde, afirmou, foi durante este tempo cando experimentou pracer orgásmico.

O 13 de febreiro de 1929, Kuerten asasinou innecesariamente un mecánico de 45 anos chamado Rudolf Scheer no propio Flingern Nord. Foi apuñalado vinte veces na cabeza, nas costas e nos ollos.

Entre marzo e xullo de 1929, Kuerten intentou estrangular a catro mulleres, unha das cales asegurou que arroxou ao río Rin.

O 11 de agosto de 1929, Kuerten atraeu a unha moza chamada
Maria Hahn co pretexto de casar e levouna ao barrio neandertal de
Dusseldorf, nun lugar remoto. Estrangouna, apuñalouna no peito e
na cabeza, despois sentouse no seu corpo e esperou a que morrese.
Con todo, Hahn suplicoulle repetidas veces que lle salvase a vida.
Posteriormente, Kuerten enterrou o seu corpo nun campo de millo.
O crecente terror sanguento na zona de Dusseldorf alimentou o
pánico e a indignación. Pero a Kuerten non lle importaba. Na mañá do
21 de agosto de 1929, acoitelou gravemente unha moza de 18 anos, un
home de 30 e unha muller de 37 en distintos ataques.

Dous días despois, o 23 de agosto de 1929, nunha feira da cidade
de Flehe, Kuerten coñeceu ás dúas irmás. A irmá maior, Louise Lenzen,
tiña 14 anos e a pequena, Gertrude Hammacher, cinco. Kuerten atraeu
a Lewis para conseguir un cigarro e, por detrás, levantou a Gertrude
Hammacher por riba do seu pescozo e tirou o seu corpo ao colector de
lixo estrangulandoa e cortándoa cun coitelo. Cando Louise volveu cun
cigarro, Kuerten tamén a matou, estrangulando e apuñalándoa.

O 24 de agosto de 1929, Kuerten capturou a unha muller de 27
anos chamada Gertrude Schulte e ameazoulle con manter relacións
sexuais con el. Ao protestar, Kuerten gritou: "Está ben, entón morre!"
Despois diso, apuñaloulle varias veces. Pero ela sobreviviu, pero só
puido dicir ao atacante que era un home alto e xusto.

Na noite do 30 de setembro de 1929, Kuerten atrapou a unha
moza de 31 anos chamada Ida Reuter da estación de Düsseldorf e
convenceuna para que a acompañase a un café. Entón ambos
comezaron a camiñar polo río Rin. Foi aquí onde Kuerten a golpeou
repetidamente na cabeza cun martelo antes e despois da violación. Ela
suplicou a Kuerten que salvase a súa vida. En resposta, Kuerten
simplemente "golouse na cabeza cun martelo".

O 11 de outubro de 1929, Kuerten fixo o mesmo con Elizabeth
Dorrier, de 22 anos, que Ida Reuter. O 25 de outubro de 1929, Kuerten

atacou a dúas mulleres cun martelo, pero ambas sobreviviron, xa que o martelo de Kuerten rompeuse durante o ataque.

O 7 de novembro de 1929, Kuerten matou cunhas tesoiras a unha nena de cinco anos chamada Gertrude Olbermann na cidade de Flingern, Düsseldorf. A presión sobre a policía aumentou moito. Ás veces o asasinato facíase cun coitelo, outras con tesoiras e outras con martelo, polo que a policía cría que había máis dun delincuente. A finais de 1929, a policía de Dusseldorf realizou extensas redadas en lugares sospeitosos da cidade. Cuestionaron a máis de 9.000 persoas e prepararon unha enorme lista de nomes sospeitosos.

Kuerten intentou matar a moitas persoas de xaneiro a abril de 1930, pero non só sobreviviron todos, senón que moitos tamén deron detalles da aparición de Kuerten á policía.

En busca de traballo, unha moza de 20 anos chamada Maria Budlik chegou a Dusseldorf procedente de Colonia o 14 de maio de 1930. María pediulle a un home que pasaba o enderezo dunha pensión. O home dixo: "Sígueme".

María comezou a seguir o home. Con todo, ela púxose aprensiva cando o home comezou a levala a un parque menos poboado. Ambos comezaron a discutir. Entón outra persoa achegouse a ambos e preguntoulle á moza se o home a estaba molestando. Entón María asentiu e respondeu: "Si". Vendo isto, o primeiro home marchou de alí.

O recén chegado foi Peter Kuerten. María díxolle que viñera alí en busca de traballo. Peter Kuerten ofreceuse a mantela no seu apartamento de Mettmanner Strasse. María aceptou.

Levouna ao seu apartamento. A súa muller non estaba na casa esa noite, polo que pensou que era unha boa oportunidade para el. Tentou ter relacións sexuais con María, pero María negouse. Como a súa muller viría pola mañá, aceptou buscar outro lugar onde quedar.

Subiron a un tranvía e aterraron en Grafenberger. Desde aquí, Peter Kuerten levouna ao bosque. Kuerten colleuna polo pescozo e violouna.

Peter Kuerten deixouno vivir, dicindo que "a súa intención de matalo cambiou porque ela non se resistiu".

María non acudiu inmediatamente á policía, pero en cambio, escribiu unha carta a un amigo e díxolle a súa dor. Por casualidade, a carta chegou ao enderezo incorrecto. Cando unha muller o abriu, levouno inmediatamente á policía. Os detectives da policía localizan a Maria Budlik e persuadína para que dea un relato completo do incidente.

María levou á policía a Mettmanner Strasse, o enderezo de Peter Kuerten, pero non foi atopada na casa. Ao ver a policía de lonxe, fuxiu. Antes disto, díxolle á súa muller todos os seus crimes. Tamén dixo o que lle pasou a María.

A muller de Kuerten díxolle á policía que aínda que sabía que o seu marido cometera moitos delitos no pasado, el tamén fora varias veces ao cárcere. Pero tamén é un asasino, aínda que ela non o sabía. Ela asegurou á policía que informaría á policía en canto o seu marido se achegase a ela.

O 24 de maio de 1930, por información da muller de Kuerten, Kuerten foi detido no exterior da Igrexa de Santa Rochas. Kuerten declarouse culpable dun total de 68 delitos, incluíndo 9 delitos de asasinato e 31 de tentativa de asasinato. Kuerten tamén admitiu ante os investigadores e os psiquiatras que o sangue e o estrangulamento satisfacían os seus orgasmos. Tamén admitiu que lambera o sangue da gorxa dunha vítima, do coiro cabeludo doutra e das mans dunha terceira vítima. Unha vez, bebeu tanto sangue dunha gorxa cortada que vomitou.

O 13 de abril de 1931 comezou en Dusseldorf o xuízo de Peter Kuerten no tribunal da xuíza doutora Rose. Foi acusado de nove delitos de asasinato e sete delitos de tentativa de asasinato. Durante o xuízo, Kuerten foi colocado nunha forte gaiola de ferro con cadeas aos seus pés para que non fose prexudicado polos ataques de familiares enfadados das vítimas.

O xuízo durou dez días. O 22 de abril de 1931, Kuerten foi declarado culpable e condenado a morte por nove delitos de asasinato. Na noite do 1 de xullo de 1931, tivo unha última comida de patacas fritas, Wiener Schnitzel e viño branco. Ás 6 da mañá do 2 de xullo de 1931, foi levado á guillotina da prisión de Klingelputz e decapitado, a pesar das protestas dos dereitos humanos alemáns. A súa cabeza cortada foi momificada e realizáronse análises forenses. Non se atopou ningunha anormalidade nisto. A cabeza de Kuerten foi posteriormente colocada no Museo Believe It or Not de Ripley en Wisconsin, Estados Unidos.

7. Alexander Komin (Rusia)

Alexander Nikolayevich Komin, máis coñecido como 'O Escravo', foi un asasino en serie ruso. A principios do século XX, Alexander Komin era temido polos medios. De 1995 a 1997, Rusia foi sacudida polo terror deste perigoso asasino en serie. Alexander Komin, un dos asasinos en serie máis perigosos de Rusia, adoitaba atacar a persoas indigentes. Co pretexto de darlle traballo á xente, adoitaba levalos á súa casa, torturalos e darlle moitos problemas.

Alexander Mikheev acompáñao coas súas sinistras intencións cara a Alexandre. Os dous pensaran que conseguirían que os escravos fixeran labores de costura e, vendendo a súa roupa cosida, ambos se enriquecerían. Para manter os escravos, ambos cavaron durante 4 anos consecutivos e construíron búnkers. Tamén se construíu un ascensor para chegar ata aquí. Aplicouse corrente eléctrica ás escaleiras feitas para chegar ao búnker para que ninguén tentase escapar. Alexander adoitaba seleccionar a maioría das nenas para a súa caza e atraelas ao búnker que construíra preto da súa casa. Adoitaban facer traballar ás nenas atadas con cadeas e matándoas de fame durante horas. Non só isto, adoitaba golpealos con látegos coma animais. Se alguén non podía facer o traballo dado, Alexandre mataríao. Alexandre adoitaba tatuarse a palabra "escravo" na testa dos seus escravos.

Se Alexandre sentía que ningún escravo lle servía de nada, adoitaba matar aos seus escravos conxelándoos na neve. Alexandre adoitaba enterrar os cadáveres dos seus escravos preto do búnker. Quizais ninguén sabería sobre as súas sinistras intencións para Alexandre se non cometese un erro.

Alexander Nikolayevich Alexander Komin naceu o 15 de xullo de 1953 en Vyatsky Polyany, Rusia. Adoraba o vandalismo dende neno. Con 18 anos, foi condenado a 3 anos de prisión polo delito. Durante o seu encarceramento, aprendeu o traballo de xastre. Mentres cumpría a súa condena en cativdade, coñeceu a un preso que fora condenado por traballos forzados ao encarcerar a varias persoas sen fogar no soto da súa casa. Foi a partir de aquí de onde xurdiu tamén na súa mente a idea de sacarlle traballo á xente deste xeito.

Durante moitos anos despois da súa saída do cárcere, gañouse a vida durante moitos anos facendo traballos eléctricos e outros pequenos. Despois diso, decidiu abrir a súa fábrica de costura. Para iso, uniuse a Alexander Mikheev e comezou a cavar un calabozo baixo o garaxe baleiro preto da súa casa. Levou catro anos cavar o soto e preparar varias habitacións nel e, a principios de 1995, a súa prisión subterránea estaba lista.

Agora necesítanse artesáns para a costura. Para iso, Alexander Komin quería seguir a fórmula que aprendeu no cárcere: encarcerar á forza á xente e usalas.

Ambos comezaron a vagar pola cidade en busca de potenciais traballadores. O 13 de xaneiro de 1995, preto dunha escola na rúa Gagarin, Alexander Komin coñeceu a unha moza chamada Vera Talpayeva. Alexander Komin atraeuna ao soto. Obrigouno a beber vodka, a manter relacións sexuais con ela e encarcelala no seu búnker. Talpayeva non sabía coser, nin estaba interesada en aprender a coser. Así que Alexander Komin empregouna como obreira para unha maior expansión do búnker, ademais de acosouna sexualmente.

Talapayeva deulle a Alexander Komin o enderezo de Tatiana Melnikova, unha xastre experta. Alexander Komin atraouna ao seu búnker e obrigouna a coser. Aos poucos, comezou a gañar unha boa renda do negocio da costura. Komin adoitaba traballar 16 horas lonxe de Tatiana e sempre estaba baixo presión para traballar máis.

Mentres tanto, necesitaba máis aliados. Tentou reconciliar con el a un dos seus presos, Nikolai Mikheev. Pero cando se negou a cooperar, matouno tomando alcohol envelenado. Unha semana despois, o seu corpo foi atopado conxelado na neve.

O 21 de marzo de 1995, en busca do seu escravo, Komin atopou no seu camiño un borracho de 37 anos chamado Yevgeny Shishov.

Atraéndoo con licor gratuíto, levouno á súa adega. Pero cando soubo que era electricista, matouno coa axuda de Talapayeva e botou o cadáver no bosque. Como se mencionou anteriormente, Komin electrificara as escaleiras que conducían ao soto e non quería que ninguén as manipulase.

Melnikova traballaba soa no soto, cosendo, pero non puido satisfacer a maior demanda de Komin, polo que se buscou un novo prisioneiro. Unha vez máis, coa axuda de Talapayeva, o 16 de xullo de 1995, unha nova prisioneira, Tatiana Kozhikova, foi levada ao soto. E Melnikova ensinoulle rapidamente a Kozhikova a coser. Así, o traballo na fábrica da prisión de Komin comezou con pleno vigor.

Alexander Komin foi moi desapiadado en materia de traballo. Os escravos tiñan que traballar 16 horas ao día con medio estómago. E ambas as nenas tiñan que coser 32 batas ao día.

Un día, fartas da persecución, Melnikova e Kozhikova decidiron fuxir. Un día, ao ver a Alexander Komin só, Melnikova encerrouno nunha habitación e cortou o fusible eléctrico. Pero non conseguiron escapar; Alexander Komin rompeu a porta e saíu e colleunos.

Despois de pegarlles mal, díxolles que lles cortaría a boca ata as orellas ou lles poñería o selo dun escravo na cara. Ambos optaron por este último, e Alexander Komin fixo o propio.

A partir de agora, Alexandre fíxose máis amable e estrito; os dous xastres agora tiñan que traballar con grilletes nos pés.

E a busca dos presos continuou. Un día, Alexander atopou unha fermosa moza de 27 anos chamada Tatyana Nazimova vagando pola estación de ferrocarril de Gorki. Ela estivo sen fogar durante moitos anos. Alexandre deulle de comer e levouna ao seu búnker. Pero Alexandre pronto deuse conta de que cometera un erro. Nazimova estaba gravemente enferma, tanto mental como físicamente, polo que só podía ser usada para o pracer sexual.

Durante un ano, Alexander agrediu sexualmente a Nazimova, logo matouna e fuxiu, deixando o seu corpo preto do depósito de cadáveres da cidade.

Pasaron moitos anos. Durante isto, Alexander Komin levaba unha vida sinxela. Vivía nun apartamento sinxelo. Ademais, ía ao seu garaxe todos os días. Nin os compañeiros de Alexander Komin nin os seus veciños sospeitaban que no garaxe estivesen a realizar actividades antisociais. Ademais, Alexander Komin estaba rexistrado como desempregado no Servizo Público de Emprego e recibía regularmente un subsidio por desemprego.

Aquí, Alexander estaba a obter moitos ingresos do negocio da costura. Estivo no cumio do éxito empresarial. Agora íase cosindo roupa para os coñecidos da fábrica de costura.

En xaneiro de 1997, unha nova prisioneira chamada Irina Ganyushkina chegou coa axuda de Vera Talpayeva. Tamén máis tarde intentouse que ela fose impregnada artificialmente (coa axuda de xiringas) por Alexander Komin para que puidese comezar a producir novos escravos para el.

Mentres tanto, un día, torturaba e matou ao seu colega máis vello, Talpayeva, usando líquido de freos. Ela coñecía moitos dos seus segredos.

O tempo seguía pasando. Mentres tanto, Alexander Komin namorouse de Irina Ganyushkina e quería casar con ela formalmente. Kozhikova e Melnikova convenceron a Irina Ganyushkina para que aceptase este matrimonio.

Alexander Komin levou con confianza a Irina Ganyushkina á súa casa. O 21 de xullo de 1997, Irina Ganyushkina correu á policía tan pronto como tivo a oportunidade.

Inicialmente, a policía non cría en Irina Ganyushkina. Despois de insistir, leváxono ao búnker. Ao cortar a enerxía, Melnikova e Kozykova foron evacuadas do búnker. Os dous foron trasladados ao hospital. Os dous puxéronse vendas nos ollos, para non quedar cegados pola luz do sol, que levaban dous anos sen ver.

Alexander Komin e o seu cómplice, Mikheev, tamén foron arrestados o mesmo día. A principios de 1999, o Tribunal Rexional de Kirov condenou a Alexander Komin a cadea perpetua e a Alexander Mikheev a 20 anos de prisión. O 15 de xuño de 1999, tras a sentenza, Alexander Komin suicidouse nunha celda do cárcere.

8. Lee Choon-Jae (Corea do Sur)

O asasino en serie surcoreano Lee Choon-Jae, de 56 anos, que estrangulou a nenas con suxeitadores e medias despois de violalas, violou e asasinou a 14 mulleres. As mulleres que foron asasinadas por este asasino en serie tiñan entre 14 e 71 anos. Despois de matar algunhas mulleres, tamén lles mutilou o corpo cunha folla. Pero non podía ser castigado por ningún destes asasinatos, porque no momento en que se atopaba o asasino, o prazo para procesar o caso xa expiraba.

Durante moitos anos, os seus crimes foron encubertos, pero despois dunha proba de ADN, fíxose unha gran divulgación sobre este asasino en serie.

Nacido o 31 de xaneiro de 1963 en Hwaseong, Gyeonggi, Corea do Sur, Lee Choon-Jae tiña un bo expediente académico. Despois de graduarse, uniuse ao Exército da República de Corea en febreiro de 1983 como piloto de tanques. Pero por causas que se descoñecen, foi dado de alta despois de tres anos o 23 de xaneiro de 1986. Isto provocoulle moita rabia.

Despois disto, ao regresar á súa cidade natal, comezou a traballar como dependente, guindastre, supervisor, etc. Casou e tivo un fillo. Segundo a esposa de Lee, Lee era un marido e pai alcohólico e violento que a miúdo abusaba fisicamente dela e do seu fillo.

Frustrada polas súas malas accións, a muller de Lee deixouno en decembro de 1993. O 13 de xaneiro de 1994, convidou á súa cuñada de 18 anos, que era a irmá maior da súa muller, e logo violouna e asasinouna.

Lee acode entón ao seu sogro, ofrécelle axuda para localizar á súa cuñada desaparecida e dille que puido ser secuestrada.

O 18 de xaneiro, Lee foi detido despois de repetidos interrogatorios, onde máis tarde preguntou: "Cantos anos levas en prisión por violación e asasinato?"

No xulgado, negou a acusación e dixo que dera unha declaración falsa por coaccións da policía. Non obstante, segundo as probas, Lee foi condenado e condenado a morte en maio de 1994 polo asasinato da súa cuñada. O Tribunal Supremo de Corea do Sur revisou o caso en 1995 e reduciu a condena de morte de Lee a cadea perpetua.

Aínda despois disto, a investigación contra el continuou.

O 18 de setembro de 2019, a policía anunciou que Lee tamén fora identificado como sospeitoso dos asasinatos en serie. Foi identificado despois de que o ADN coincida coa roupa interior dunha das vítimas, e as probas de ADN posteriores vinculárono con outros catro asasinatos en serie sen resolver.

No momento no que foi identificado, xa cumpría a cadea perpetua nun cárcere de Busan por violar e matar á súa cuñada. Lee negou inicialmente calquera implicación nos asasinatos en serie, pero o 2 de outubro de 2019, a policía fixo unha declaración na que Lee confesou matar a 14 persoas, incluídas as 10 vítimas, nos asasinatos en serie. Ademais dos asasinatos, tamén confesou máis de 30 violacións e intentos de violación.

O 15 de novembro de 2019, a policía anunciou que concluíu que Lee era o responsable dos 10 asasinatos en serie. A policía dixo que cometeu delitos sexuais para superar o seu aburrimento e desesperación. Díxose que despois de regresar a casa do servizo militar en 1986, converteuse nun violador en serie.

Os casos de asasinatos en serie e violacións saen á luz deste xeito:

O caso comezou coa desaparición de Lee Wan-Im, de 71 anos, o 15 de setembro de 1986, cando regresaba a casa despois de visitar a súa filla. O seu corpo foi atopado tirado nun pasteiro na tarde do 19 de setembro de 1986, catro días despois do asasinato.

Un mes despois, o 20 de outubro de 1986, Park Hyun-sook, de 25 anos, desapareceu do autobús mentres regresaba a casa de Ki Seongtan. O seu cadáver foi atopado nunha canle na tarde do 23 de outubro de 1986.

Dous meses despois, o 12 de decembro de 1986, Kwon Jung-bon, de 25 anos, desapareceu diante da súa casa. Tres meses despois, na tarde do 23 de abril de 1987, o seu cadáver foi descuberto nun terraplén.

O 14 de decembro de 1986, Lee Kae-sook, de 23 anos, regresaba a casa para coñecer ao seu prometido. Foi asasinada no medio dos arrozales. O seu corpo foi recuperado o 21 de decembro de 1986. Foi estrangulada e atáronse as mans. Tamén a golpearon cun paraugas.

O 10 de xaneiro de 1987, unha moza de 19 anos, Hong Jin-young, foi asasinada cando ía a casa desde un autobús escolar en Taen-eup. O seu cadáver foi atopado o 11 de xaneiro de 1987. As súas mans estaban atadas e a gorxa estrangulada cos seus calcetíns.

O 2 de maio de 1987, Park Eun-Joo, de 29 anos, foi asasinada cando ía darlle ao seu marido un paraugas en Taen-eup. O cadáver foi atopado o 9 de maio de 1987. Foi asasinada estrangulandoa co suxeitador.

O 7 de setembro de 1987, Ah Gee-soun, unha muller de 54 anos, morreu estrangulada tras ser violada preto dunha canle en Paltan-myeon, Gaje-RI. O seu cadáver foi atopado o 8 de setembro de 1987. As súas mans estaban atadas con medias e panos.

O 16 de setembro de 1988, unha nena de secundaria de 14 anos chamada Park Sang-hee foi asasinada mentres durmía no seu cuarto en Taen-eup.

O 15 de novembro de 1990, Kim Mi-jung, unha nena de secundaria de 14 anos, morreu estrangulada tras ser violada mentres regresaba a casa en Taen-eup, Byeongjeom-dong. O seu corpo foi atopado ao día seguinte. As súas mans e os pés estaban atados. O suxeitador, o bolígrafo, o garfo, a culler, a navalla e o seme estaban preto.

O 3 de abril de 1991, Kwon Soon-sang, de 69 anos, un veciño de Dongtan-myeon, Bunseong-RI, foi asasinado mentres regresaba a casa do mercado. O seu cadáver foi atopado o 4 de abril de 1991 nun outeiro. Foi estrangulada coas bragas despois da violación.

Este caso en aumento de asasinatos en serie provocou o pánico entre os funcionarios de seguridade en Corea do Sur. Miles de sospeitosos foron capturados neste caso. Tomáronse pegadas dixitais de miles de individuos e analizáronse 570 mostras de ADN e 180 de cabelo.

Os primeiros cinco asasinatos producíronse nun radio de 6 km de Hwaseong, o que obrigou á policía a repartirse en dous equipos cada 100 metros, pero o seguinte asasinato produciuse onde non había presenza policial. Durante a investigación, correron os rumores de que o asasino tiña como obxectivo mulleres que vestían roupa vermella nos días de choiva. Inspiradas por isto, algunhas policías comezaron a vestir roupa vermella para atrapar ao asasino.

O condutor do autobús, Kang, e o condutor do autobús, Uhm, lembraron viron a un home subir ao autobús pouco despois do sétimo asasinato o 7 de setembro de 1988 e elaboraron un debuxo do sospeitoso baseándose nos seus recordos. As características do sospeitoso, tal e como describiu o condutor do autobús, eran similares ás dadas polos sobreviventes da vítima de agresión sexual.

Segundo as vítimas, no momento do suceso, o agresor tiña uns 20 anos, un físico delgado, entre 165 e 170 cm de altura, cabelo curto, nariz afiado e complexión clara. Ademais disto, describíronlle as mans suaves.

A policía tamén dixo que o grupo sanguíneo do sospeitoso era "B", pero en 2019, a policía admitiu que isto podería ser falso, xa que o grupo sanguíneo de Lee era "O".

O 27 de xullo de 1989, un mozo de 22 anos chamado Yun foi arrestado como autor do asasinato, en base a probas peludas da escena do crime, que posteriormente se considerou que non tiñan relación con outros asasinatos.

Ademais, no décimo caso, os xenes obtidos da mostra de seme eran diferentes do noveno caso, e a localización e a forma do delito foron diferentes dos demais casos, indicando un delincuente diferente.

Así, polo menos catro sospeitosos suicidáronse na década de 1990 baixo presión psicolóxica debido a un interrogatorio policial innecesario e unha mala conduta.

O 27 de xullo de 1989, Eun Sang-yeo, de 22 anos, foi arrestada polo asasinato de Park Sang-hee, de 14 anos. Tivo que pasar dezanove anos e medio no cárcere. Despois de que Lee confesou os 10 asasinatos en serie, a policía anunciou que Lee era o responsable dos asasinatos polos que Yoon Sang-yeo foi condenado. A fiscalía do distrito confirmou que Eun Sang-yeo foi sometido a un trato brutal por parte dos investigadores e unha fraude por parte do Servizo Forense Nacional no momento da súa detención.

A investigación segue en curso e Lee cumpre cadea perpetua na prisión de Busan pola violación e asasinato da súa cuñada.

9. Daniel Camargo Barbosa (Colombia)

Daniel Camargo Barbosa foi un asasino en serie colombiano. Crese que se volveu psicópata cando a súa noiva non era virxe, e durante os anos 70 e 80 violou e matou a 300 mozas en Colombia, Ecuador e Perú. Nestas zonas, tamén é coñecido como "O Monstro dos Andes".

Nacido o 22 de xaneiro de 1930 en Anolaima, Colombia, Daniel Barbosa atraparía primeiro a unha nena. Adoitaba violala. Despois mataríaa cun coitelo. As nenas forzadas adoitaban converterse nas súas vítimas. Cando berraba durante a violación, adoitaba conseguir alivio.

Cando Daniel Camargo tiña un ano, a súa nai morreu e o seu pai dominante foi emocionalmente cruel con el. Máis tarde, o seu pai volveu casar. A súa madrastra tampouco o tratou nunca con respecto senón que o humillou de varias maneiras. A súa madrastra adoitaba vestilo cun vestido de nena e envialo á escola, cousa que era ridiculizada polos seus compañeiros e compañeiras.

Malia todo isto, Daniel estudou ata o 10 nunha escola de Bogotá. Non obstante, o seu desexo de continuar os seus estudos non se materializou e viuse obrigado a abandonar os estudos para manter económicamente á familia.

Camargo mantivo unha aventura cunha muller chamada Alcira e con ela tivo dous fillos. Simultaneamente, namorouse doutra muller, Esperanza, de 28 anos, coa que pensaba casar, pero quedou furioso ao saber que non era virxe. Entón el e Esperanza fixeron un pacto de que se Esperanza lle axudaba a manter relacións sexuais con outras virxes, quedaría con ela.

Isto comezou a era da súa participación no crime.

Esperanza atraeu a mozas novas a un piso con pretextos e despois deulles unha pastilla para durmir coa droga de sodio Seconal para que Daniel Camargo as violase.

Camargo cometeu cinco violacións deste xeito, pero non matou a ningunha das mozas. Así, a quinta nena vítima de violación denunciou o crime ante a policía, e foron detidas tanto Camargo como Esperanza. O caso continuou. Camargo foi condenado por agresión sexual en Colombia o 10 de abril de 1964 e condenado a oito anos de prisión. Este castigo fixo vermello de rabia o Camargo. A pena de prisión fíxoo máis cruel. Con todo, cumpriu a súa condena e despois quedou en liberdade.

Para gañarse a vida, colleu un traballo vendendo monitores de televisión como vendedor ambulante. E mentres, ao pasar un día por un colexio, secuestrou unha nena de 9 anos e violouna e matou para que non puidese informar á policía, como fixera a súa anterior vítima. Este foi o seu primeiro caso relacionado co asasinato.

Camargo foi detido o 3 de maio de 1974 en Barranquilla, Colombia, cando regresou ao lugar do crime para recuperar unha das súas pantallas de televisión que lle quedaba á vítima. Tras ser condenado por violar e asasinar a unha nena de 9 anos, foi condenado a 30 anos de cárcere, pero posteriormente esta condena foi reducida a 25 anos, e o 24 de decembro de 1977 atopábase no cárcere da illa de Gorgona. , Colombia, e foi posto en arresto domiciliario. Pero en novembro de 1984, Camargo fuxiu do cárcere de Gorgona nun barco primitivo.

Despois dunha longa busca, os funcionarios asumiron que morreu no mar, e os medios informaron de que foi comido por un tiburón.

Pero o Camargo oculto chegou finalmente a Quito, Ecuador, o 5 ou 6 de decembro de 1984. O 18 de decembro de 1984 secuestrou a unha nena de 9 anos da cidade de Quevedo, na provincia ecuatoriana de Los Ros. Ao día seguinte, unha nena de 10 anos desapareceu.

De 1984 a 1986, Camargo cometeu polo menos 54 violacións e asasinatos en Guayaquil, Ecuador. Nun primeiro momento, a policía pensou que todas as mortes estaban a ser cometidas por unha banda xunta.

A policía nin sequera podía pensar en Camargo. Durmía na rúa e saciaba a súa fame co diñeiro que podía gañar vendendo bolígrafos nas rúas. Ás veces satisfacía as súas necesidades vendendo roupa ou pequenos obxectos de valor ás súas vítimas.

Camargo adoitaba recoller a mozas indefensas, novas e de clase baixa como vítimas en busca de traballo e atrapalas co pretexto de levalas a traballar. Ás veces levaba consigo a unha moza co pretexto de pedirlle un camiño e violar ás vítimas antes de estrangularas nun lugar apartado e ás veces apuñalalas cando protestaban. Despois de morrer as vítimas, adoitaba fuxir, deixando os seus corpos no bosque.

Despois do asasinato dunha nena de 9 anos chamada Elizabeth en Quito o 25 de febreiro de 1986, dous policías que patrullaban nas proximidades deténeno. Nese momento levaba a roupa sanguinaria e unha bolsa da súa última vítima. Foi detido e posteriormente trasladado a Guayaquil para a súa identificación.

Cando foi detido, deu o seu nome como Manuel Bulgarian Solis pero posteriormente foi identificado por Mara Alexandra Vélez, unha das súas vítimas de violación que sobreviviu.

Daniel Camargo confesou matar a 72 nenas en Ecuador desde que escapaba dunha prisión colombiana.

Tamén informou ás autoridades das vítimas cuxos cadáveres aínda estaban por recuperar. Os corpos foron mutilados.

Daniel Camargo detallou os seus crimes. Despois de violar á vítima, esmagou a nena cunha machada. Non parecía estar arrepentido.

Aclarou a súa única excentricidade na elección das mozas. Quería virxes "porque choraban". Isto deulle máis satisfacción. Segundo Camargo, matounos a todos porque quería vingar a infidelidade das mulleres. Odiaunas porque non cría que as mulleres debían ser.

Camargo foi condenado en 1989 e contou coa pena máxima permitida no Ecuador daquela: 16 anos de prisión.

O 13 de novembro de 1994, aos 64 anos, Camargo foi acoitelado na prisión por un home chamado Giovanni Noguera. O asasino era sobriño dunha das súas vítimas.

10. Xinhai Yang (China)

Cometeu 26 delitos, asasinou a 67 persoas e violou a 23 mulleres en catro provincias en tres anos. Non se trata da trama dunha película ou dun programa de televisión, senón dun caso real que tivo lugar en China entre 2000 e 2003. Neste caso, o asasino, Yang Xinhai, foi condenado a morte polo tribunal.

Yang Xinhai, acusado no caso que sacudiu as catro provincias chinesas -Anhui, Henan, Shandong e Hebei- naceu o 29 de xullo de 1968 nunha familia rural na aldea de Zhangjia, municipio de Runanbu, condado de Zhengyang, provincia de Henan. Na familia había seis irmáns. Era o cuarto, con dous irmáns maiores e unha irmá, e un irmán menor e unha irmá menor. En xeral, a familia era moi pobre, unha das máis pobres da cidade con máis de 2.000 fogares. O seu pai, Yang Jungian, era un labrego pobre e non tiña cartos para pagar a boa educación dos seus fillos.

Nacido nas condicións económicas da década de 1970 no campo, pódese imaxinar a vida de Yang Xinhai. Entón, dende neno, non conseguiu o amor dos seus pais. É por iso que Yang Xinhai sempre foi un neno relativamente introvertido e tímido. Adoitaba poñerse nervioso mesmo cando vía cortar un polo para cociñar na casa. Non lle gustaba saír a falar nin xogar, e a súa única afección era pintar.

A familia de Yang Xinhai tiña moitos fillos, e todos tiñan que facer traballos agrícolas cos seus pais. Os pais non tiñan tempo para a correcta educación dos seus fillos. Na casa adoitaba haber moitas pelexas.

Resultou ser a venda de gando vacún e ovino criado dende hai tempo pola familia para a educación primaria dos nenos. Así, na escola, Yang Xinhai decatouse por primeira vez da importancia do diñeiro. Mentres outros compañeiros pasaban as vacacións saíndo e divertíndose, Yang Xinhai tivo que saír a cortar herba e pastar vacas para gañar cartos para a familia.

Un día, Yang Xinhai fuxiu de súpeto da casa. Había tantos nenos na familia que nin sequera tiñan tempo para pensar en ninguén, polo que non importaba se se perdera alguén, así que os pais non tomaron a iniciativa de atopar a Yang Xinhai.

Despois de fuxir da casa, Yang Xinhai deambulou por varias cidades da provincia de Henan en busca de traballo. Traballou nunha mina de carbón e aprendeu algunhas manualidades, pero non eran tan boas como Yang Xinhai quería, porque estas cousas lle gañaban moi poucos cartos. E tamén tivo que afrontar algúns días malos. O diñeiro dado polo propietario era insuficiente.

Yang Xinhai a miúdo enfróntase a abusos aquí e, ás veces, a condicións laborais non remuneradas. Despois de traballar durante varios meses, non lle pagaron nin un céntimo.

Despois diso, Yang Xinhai traballou nun restaurante. O soldo co que foi contratado era moi bo, pero o soldo fixo non se daba. Enfurecido, Yang Xinhai roubou unha pota de aluminio da cociña. Esta pequena pota de aluminio converteuse no primeiro roubo de Yang Xinhai, e tamén fixo que Yang Xinhai se decatase de que o diñeiro podía chegar tan facilmente. Quizais esta experiencia o cambiou, e entón Yang Xinhai seguiu o camiño do roubo.

Desde o roubo da pota de aluminio, Yang Xinhai volveuse rebelde como un cabalo salvaxe e fixo roubar a súa profesión. Cando chegaron os cartos, tamén conseguiu unha moza.

En 1988, foi sorprendido por un delito de roubo. Yang Xinhai, de 20 anos, foi condenado a tres anos de prisión pola Oficina de Seguridade Pública de Baqiao na cidade de Xi'an acusado de roubo. No cárcere, recibiu a noticia de que a súa moza casara tras incumprir a promesa.

Despois de saír do cárcere en 1991, Yang Xinhai quedou completamente roto polo trauma da vida e a lesión emocional e desde entón seguiu o camiño da violación.

En 1996, Yang Xinhai viu a unha muller de mediana idade nun lugar illado e intentou agredila sexualmente, pero non só fallou, senón que tamén mordeu un anaco da lingua. Tamén foi capturado e condenado a cinco anos de prisión por tentativa de violación; foi posto en liberdade a principios do ano 2000. En canto foi liberado, volveu a cometer delitos.

Na noite do 19 de setembro de 2000, Yang Xinhai entrou nas casas de veciños de setenta anos, Yang Pemin e Shan Lanning, ao romper a pechadura da porta da aldea de Guozhuang da cidade de Zhoukou. Ao escoitar o ladrido do can, matou cunha malleira a dous homes durmidos con ladrillos e logo fuxiu cun diñeiro. Así, Yang tamén se converteu no asasino de Xinhai.

Durante o proceso de investigación, a policía clasificou o caso como un caso sen resolver.

O 1 de outubro de 2000, Yang subiu o valo de Xinhai, entrou nunha casa da aldea de Xiaoning, matou a coiteladas a June, un home de 63 anos, cunha vara de ferro e despois golpeou ao seu neto de 12 anos. Viorou á nena.

Despois diso, foi esconderse no bosque. Para sobrevivir, roubaba nos campos e nos almacéns. Despois de tantos asasinatos, converteuse nun animal de sangue frío, preparado para matar xente sen pestanexar un ollo.

O 15 de agosto de 2001, Yang Xinhai entrou na casa de Qiu Yunxian na aldea de Cheliu, Lining City, cun martelo na man. Matou brutalmente a Qiu Yunxian, de 43 anos, a súa muller, a súa filla de 12 e o seu fillo de 9. Viorou os corpos de ambas mulleres e roubou 100 yuans da súa casa e fuxiu.

En setembro de 2001, Yang Xinhai entrou na casa dun aldeano no municipio de Kanglu, cidade de Zhoukou, provincia de Henan. Alí, matou catro persoas e roubou cen yuans. En decembro de 2001, Yang entrou nunha casa en Xinhai Pingdingshan, matando a un home de 59 anos e dúas mulleres, e roubando a casa con obxectos de valor.

O 6 de xaneiro de 2002, Yang Xinhai martelou e roubou a unha familia de cinco persoas nunha aldea da cidade de Zhumadian, na provincia de Henan.

Na mañá do 27 de xaneiro de 2002, Yang Xinhai apuntou a unha familia de tres persoas no condado de Tongxu, na cidade de Kaifeng. Rompeu a pechadura da casa tranquilamente pola mañá, matou aos tres familiares e violou á criada de 32 anos.

A policía agora buscaba ansiosamente o asasino, polo que unha vez máis Yang Xinhai tivo que esconderse no bosque pola súa seguridade.

Despois de estar sentado en silencio durante cinco meses, o 30 de xuño de 2002, Yang Xinhai comezou de novo a correr para matar. Baixou durante a noite matou a unha familia de catro persoas e roubou obxectos de valor nunha aldea do condado de Fugou, na cidade de Zhoukou.

O 28 de xullo de 2002, Yang Xinhai cometeu outro masacre en Nanyang, matando catro membros da mesma familia. Antes, tamén violou na casa unha muller de 35 anos e unha nena de 9. Tamén se roubaron todos os obxectos de valor da casa.

O 22 de outubro de 2002, Yang Xinhai infiltrouse nunha casa da aldea Mauzhai de Songjie. Aquí matou ao aldeano Fang Choon, de 34 anos, e á súa filla de seis anos no seu sono e violou a outras dúas mozas e, finalmente, matou a elas tamén. En busca de obxectos de valor, saqueou a casa das vítimas.

A escalada de incidentes sanguentos fixo que a policía de Henan non durmise. A presión sobre a policía aumentou moito.

Aquí, despois de tres meses de paz, Yang Xinhai comezou de novo á procura de presas. O 5 de febreiro de 2003 entrou nunha casa do condado de Jiangcheng. Aquí matou a tres membros da familia e violou á criada.

O 18 de febreiro de 2003, Yang Xinhai matou brutalmente a dous membros da familia Li que vivían no municipio de Chiying, no condado de Zihua. Ao violar á nai e á filla da casa, tamén as matou. Tamén foron saqueados todos os obxectos de valor da casa.

Por unha banda, a investigación policial foi cada vez máis rigorosa, mentres que por outra banda, pola propagación da enfermidade do SARS, tamén se investigaba a todos os alleos. Yang Xinhai sentiu que era mellor esconderse por uns días. Vivía nun outeiro lonxe da cidade e roubou unhas patacas do campo para saciar a súa fame.

A mediados de marzo de 2003, Yang Xinhai meteuse en problemas: cando estaba a roubar patacas doces dun campo, unha labrega berroulle. Yang Xinhai de súpeto encheuse de intención asasina unha vez máis.

Na noite do 23 de marzo de 2003, Yang entrou na casa dun aldeano nunha aldea do condado de Xinhai Minquan, matou aos catro membros da súa familia e violou á criada. Colleu calquera obxecto de valor que atopou e fuxiu a Shandong.

A principios de abril de 2003, matou a un home nunha aldea da cidade de Taoyuan, en Shandong. Despois fuxiu de Shandong a Hebei.

Despois de chegar ao condado de Jingtai en Hebei, Yang Xinhai quixo pór fin ao asasinato por un tempo, polo que decidiu durante uns meses que só roubaría cousas, non mataría persoas.

Pero o comportamento dunha prostituta local volve sacudir as súas intencións. A prostituta pediulle a Yang Xinhai que usase un preservativo, pero Yang Xinhai non estaba preparado para iso. Foi un gran insulto para el. Yang Xinhai tirou o diñeiro da prostitución, volveu a cabeza e marchou.

Esa mesma noite, Yang Xinhai entrou na habitación da prostituta pola fiestra e matou a Shengjun, de 43 anos, a súa esposa Li Zhizhi e á súa filla Sun Yuanyuan, de 15, para desafogar a súa ira.

Aínda así, a súa rabia non amainou.

O 8 de agosto de 2003, ás dúas do día, Yang Xinhai chegou a un campo de verduras nunha aldea da cidade de Shijiazhuang. Agardou a que chegase a noite. Cando estaba escuro, chegou ao campo e matou aos cinco membros da familia. Tamén violou a dúas mulleres.

O 2 de novembro de 2003, Liu Jian, director da Oficina da Brigada de Policía Criminal da Oficina de Seguridade Pública de Xinhua na cidade de Cangzhou, recibiu unha chamada na que se dicía que un sospeitoso fora visto preto do Centro Municipal de Abastecemento e Mercadotecnia. Esta persoa non tiña nin carné de identidade nin respostas adecuadas ás preguntas.

O 3 de novembro de 2003, ao redor das 11 da mañá, Liu Jian viu ao sospeitoso vagando preto da escola primaria do ferrocarril de Cangzhou. Inmediatamente informouno ao capitán Zheng Jianjun e ao instrutor Li Jianbin da Brigada de Policía Criminal, e seguiuno xunto a un dos seus asociados.

Ao cruzar unha ponte ao sur da estación de ferrocarril de Cangzhou, o sospeitoso viu que os policías o seguían, entón acelerou o seu paso e comezou a correr cara ao oeste. Pero Liu Jian e o seu cómplice captárono. Durante a busca, recuperáronse do sospeitoso un coitelo e 500 yuans en efectivo.

Unha investigación máis adiante atopou probas e testemuñas contra Yang Xinhai. Pero mesmo no interrogatorio da policía, a actitude de Yang Xinhai foi moi arrogante.

"Se hai probas, aceptarei. Se non hai probas, non intentes asustarme".

"Non me podes culpar dos problemas de todo o país".

O 1 de febreiro de 2004, o Tribunal Popular Intermedio da cidade de Luohe, na provincia de Henan, pronunciouse por primeira vez sobre o caso de Yang Xinhai e condenou a morte a Yang Xinhai por varios delitos. Yang Xinhai non apelou.

Trece días despois, o 14 de febreiro de 2004, Yang Xinhai foi aforcado en Luohe, Henan, acusado de asasinar a 67 persoas e violar a 23 mulleres.

11. Fritz Haarmann (Alemaña)

F riedrich Heinrich Karl "Fritz" Haarmann, tamén coñecido como o Carniceiro de Hannover, o Vampiro de Hannover e o Home Lobo, foi un asasino en serie alemán. Haarmann naceu o 25 de outubro de 1879 en Hannover, Alemaña. Haarmann era un neno tranquilo e solitario. De neno prefería xogar coas bonecas da súa irmá en lugar de xogar con outros nenos e tamén lle gustaba vestir con roupa de nena. No ano 1886, Haarmann comezou a súa escola. Na escola, foi visto como un neno mimado que era propenso a soñar despierto. Aínda que se comportou ben na escola, estivo por debaixo da media nos seus estudos e fracasou na clase varias veces.

Despois da súa escola, en 1894, ingresou nunha academia militar na cidade de Brisach. Inicialmente, fixo ben no exército como soldado en prácticas. Con todo, despois de cinco meses de servizo militar, comezou a ter ataques epilépticos. Así que finalmente tivo que abandonar o exército en outubro de 1895 e regresou a Hannover, onde traballou nunha fábrica de puros creada polo seu pai.

Aos 16 anos, Haarmann cometeu o seu primeiro delito sexual homosexual, no que violou a uns mozos nun soto illado. Foi detido por este crime en xullo de 1896. Para sentenza nestes casos, optou por ser internado nun centro psiquiátrico da cidade de Hildesheim.

Unha avaliación psiquiátrica aquí describiuno como "extremadamente neurótico". Sete meses despois, Haarmann escapou do centro psiquiátrico e, coa axuda da súa nai, fuxiu a Zúric, Suíza. Aquí, viviu cun parente da súa nai e colleu un traballo de manitas nun estaleiro.

Estivo en Zúric durante 16 meses e despois volveu a Hannover en abril de 1899. A principios do século XX, comprometeuse cunha muller nova chamada Erna Louvert, que pronto quedou embarazada. En outubro de 1900, Haarmann recibiu unha carta de chamada para o seu servizo militar obrigatorio.

Haarmann uniuse ao 10º Batallón de Fusileros o 12 de outubro de 1900, e rapidamente converteuse nun excelente tirador. En outubro de 1901, caeu de cabeza durante un exercicio co seu batallón. Haarmann comezou a sentirse mareado e estivo hospitalizado durante máis de catro meses. Máis tarde foi considerado non apto para o servizo militar e foi despedido do servizo militar o 28 de xullo de 1902.

Despois de ser liberado do servizo militar, Haarmann viviu coa súa prometida en Hannover. Solicitoulle unha parte da propiedade ao seu pai. Cando se negou, ameazou con matar o seu pai. O seu pai esixiu ao tribunal que realizase o seu exame mental.

En maio de 1903, Haarmann recibiu a orde de someterse a un exame psiquiátrico. O xuízo concluíu que aínda que Haarmann era moralmente inferior, non era mentalmente inestable.

O seu pai axudoulle económicamente, polo que Haarmann e o seu prometido abriron unha tenda de peixe e marisco.

En 1904, Haarmann acusou ao seu prometido embarazada de manter relacións sexuais cun home. Enfurecido por isto, a súa prometida, Erna Louvert, cancelou o compromiso e os dous separáronse.

Despois de separarse do compromiso, Haarmann comezou a cometer pequenos roubos. Foi condenado a prisión por delitos como roubo, malversación e asalto. En canto saía do cárcere, volvería a cometer un roubo. Así, Haarmann pasou a maior parte dos anos no cárcere entre 1905 e 1912. En 1913, volveu ser condenado a cinco anos por roubo.

Ao saír do cárcere en abril de 1918, Haarmann trasladouse a Berlín, onde alugou un apartamento dunha habitación. Despois dun tempo, volveu a Hannover de novo.

A Primeira Guerra Mundial estaba en marcha. A pobreza, a delincuencia e o mercado negro foron desenfrenados no país. En tal situación, Haarmann tamén aproveitou ao máximo esta oportunidade. Inmediatamente volveu á vida criminal que vivira antes da súa detención en 1913. Pero esta vez, converteuse nun informante da policía e involucrouse no crime.

A pesar da información policial de que Haarmann é un criminal coñecido, está autorizado a patrullar a estación de ferrocarril de Hannover regularmente como informante. Comezou a pasar a información sobre crimes, así como a extensa rede criminal de Hannover á policía. Conseguiu capturar moitos bens roubados, detidos moitos estranxeiros que viaxaban con documentos falsos e tamén moitos delincuentes que obstaculizaban o seu traballo, gañando así a confianza da policía.

Now he has started quenching his homosexual appetite with theft. Haarmann's first known victim was a 17-year-old, Friedel Rothe. When Roth disappeared on September 25, 1918, his friends told the police that he was last seen with Haarmann. Under pressure from Rothe's family, police raided their informant, Haarmann's apartment in October 1918, where he was caught with a half-naked 13-year-old boy.

He was charged with sexually assaulting a minor and sentenced to nine months in prison. After his release from a nine-month prison sentence, he again gained the trust of the police and became an informer again.

Haarmann was usually ambushed in or near Hannover's central railway station. On February 12, 1923, he invited the 17-year-old pianist Fritz Franck from Hannover Central Station to his New Strae residence. After raping him there, Haarmann killed him.

On March 20, 1923, five weeks after Frank's murder, Haarmann killed 17-year-old Wilhelm Schulz at Hannover railway station. Similarly, on May 23, 1923, 16-year-old Roland Hutch and on May 31, 1923, 19-year-old Hans Sonnenfeld became his victims.

On June 9, 1923, Haarmann moved to live in a one-room apartment in Rote Rehe. Two weeks later, on June 25, 1923, Haarmann killed the neighbor's 13-year-old son, Ernst Ehrenberg.

Two months later, on August 24, 1923, Haarmann hunts down an 18-year-old clerk named Heinrich Strauss. A month after Strauss was murdered, a 17-year-old boy named Paul Bronchevsky was also murdered. Haarmann's next victim was 17-year-old Richard Graf on September 30, 1923, who last informed his family that he had met a man at Hanover station who had offered him a good job.

Two weeks later, on October 12, 1923, a 16-year-old boy, Wilhelm Ardner, did not return home. Later interrogation of Ardner's parents revealed that Ardner had met a detective, Fritz Honnerbrock (a pseudonym used by Haarmann), shortly before his disappearance.

Haarmann later sold Ardner's bicycle on October 20, 1923. Within a week of selling the bicycle, Haarmann killed two more victims: 15-year-old Haarmann Wolf, who disappeared from Hannover station on October 24, and 13-year-old Heinz Brinkmann, on October 27, 1923, whom a witness had seen.

On November 10, 1923, a 17-year-old apprentice carpenter from the city of Dusseldorf, named Adolf Hannapel, disappeared from Hanover station. Similarly, on December 6, 19-year-old Adolf Heaney went missing. He was looking for employment.

In early 1924, Haarmann's first victim was the 17-year-old Ernst Speer, who disappeared on January 5, 1924. Ten days later, Haarmann killed a 20-year-old man named Heinrich Koch.

Ao mes seguinte, Haarmann matou dúas vítimas máis: Willie Sanger, de 19 anos, que desapareceu do suburbio de Linden-Limer o 2 de febreiro de 1924; e Haarmann Speichert, de 16 anos, que foi visto por última vez o 8 de febreiro de 1924. O 8 de abril de 1924, Alfred Högreff, de 16 anos, desapareceu da estación de Hannover. Nove días despois, un aprendiz de 16 anos chamado Wilhelm Appel converteuse na vítima.

O 26 de abril, Robert Witzel, de 18 anos, desapareceu tras pedirlle prestados 50 fannings á súa nai. O interrogatorio aos pais do mozo revelou que o seu fillo fora ao circo con "un axente da estación de ferrocarril". Haarmann dixo máis tarde que matou a Witzel a mesma noite cortando o corpo e arroxouno ao río Leine.

Dúas semanas despois de que Witzel fose asasinado, Haarmann matou a un neno de 14 anos chamado Heinz Martin. Foi visto por última vez o 9 de maio de 1924 pola súa nai na estación de Hannover. Todas as súas roupas foron atopadas máis tarde no apartamento de Haarmann.

O 26 de maio de 1924, Fritz Wittig, un vendedor ambulante de 17 anos da cidade de Kassel, foi asasinado por Haarmann para coller o seu "bonito traxe novo". Os seus restos foron arroxados ao río Leine. O mesmo día, Haarmann tamén matou á súa vítima máis nova, Friedrich Ebeling, de 10 anos, a quen secuestrara de camiño á escola.

O 14 de xuño de 1924, Haarmann fixo a súa última vítima en forma de Erich De Vries, de 17 anos. Despois de ser violado, De Vries foi arroxado a un lago preto da entrada dos xardíns de Herrenhausen.

O 17 de maio de 1924, dous nenos xogando preto do río Leine atoparon unha caveira humana na beira. Dúas semanas despois, o 29 de maio de 1924, atopouse un segundo cranio. Poucos días despois, dous rapaces xogando nun campo preto da aldea de Dohran atoparon un saco que contiña varios ósos humanos. O 13 de xuño atopáronse dous cranios máis: un á beira do río Leine, e outro máis preto dun muíño en Hannover.

O 8 de xuño de 1924, varios centos de habitantes de Hannover realizaron unha extensa busca nas dúas beiras do río Leine e nas zonas circundantes. Nel atopáronse varios ósos humanos, que foron entregados á policía. En resposta, a policía decidiu buscar parando todas as augas do río Leine. Máis de 500 ósos humanos e partes do corpo foron recuperados do río seco. Os médicos confirmaron máis tarde a existencia de polo menos 22 individuos humanos diferentes. Máis do 30 por cento dos restos eran de rapaces de 15 a 20 anos.

A policía atopou a Haarmann sospeitoso, xa que xa fora atrapado nun crime similar antes. Por iso, o 18 de xuño de 1924, dous mozos policías de Berlín foron contratados en segredo para supervisar a Haarmann.

A noite do 22 de xuño de 1924, Haarmann foi visto por policías encubiertos na estación central de ferrocarril de Hannover. Estaba discutindo cun mozo de 15 anos chamado Carl Fromm. Despois dun tempo, Haarmann contacta coa policía e, insistindo en que o neno viaxaba con documentos falsificados, deteñao. Tras o arresto, Fromm díxolle á policía que levaba catro días vivindo con Haarmann e que o violara repetidamente, ameazándoo ás veces cun coitelo no pescozo. Haarmann foi detido á mañá seguinte acusado de agresión sexual.

Despois da detención de Haarmann, o seu apartamento foi rexistrado. Haarmann vivía alí desde xuño de 1923. Atopáronse numerosas manchas de sangue no chan, nas paredes e na cama dentro do apartamento. Haarmann intentou inicialmente enganar á policía dicindo que estaba no comercio de carne.

Os coñecidos e veciños de Haarmann foron amplamente interrogados sobre as súas actividades. Moita xente dicía que adoitaba saír da casa con sacos. Moita xente dicía que á súa casa viñan moitos rapaces. Dous antigos inquilinos informaron de que, en marzo de 1924, seguiran coidadosamente a Haarmann desde o seu apartamento e viron como tirar un saco pesado ao río Leine.

A roupa e outros obxectos persoais atopados no apartamento de Haarmann foron confiscados pola policía e expostos na comisaría de Hannover. As familias de adolescentes e mozos desaparecidos de toda Alemaña foron convidadas a ver estas cousas.

Houbo un alboroto cando se recoñeceron os obxectos. O fillo de alguén matou o irmán de alguén. A historia deu un xiro cando, o 29 de xuño de 1924, a roupa, os zapatos e as chaves gardados no apartamento de Haarmann foron identificados como os obxectos dun mozo de 18 anos desaparecido chamado Robert Witzel.

Tendo en conta todas as probas e testemuñas, Haarmann confesou violar, asasinar e desmembrar a varios mozos entre 1918 e 1924.

Haarmann insistiu en que lle gustaba especialmente o desmembramento do cadáver e que obtivo a enerxía divina del.

Cando lle preguntaron a cantas persoas matou, Hermann respondeu casualmente que entre 50 e 70.

A policía, con todo, só puido vincular a Haarmann coa desaparición de 27 mozos, e foi acusado do asasinato de 27 rapaces e homes que desapareceran entre setembro de 1918 e xuño de 1924. Nos medios de comunicación, Haarmann foi referido por títulos como "O carniceiro de Hannover", "O vampiro de Hannover" e "O home lobo".

Un total de 190 testemuñas declararon no xulgado. O 19 de decembro de 1924, o tribunal declarou a Haarmann culpable de 24 dos 27 asasinatos e condenouno a morte por decapitación. Despois de escoitar a sentenza, Haarmann presentouse ante o tribunal e declarou: "Acepto plena e libremente o veredicto". Estaría encantado de ir ao bloque da decapitación".

Haarmann non recorreu a decisión. Como último desexo, reclamou un puro caro e unha cunca de café brasileiro. Ás 6 da mañá do 15 de abril de 1925, Fritz Haarmann foi decapitado pola guillotina na prisión de Hannover.

12. Robert Pickton (Canadá)

Está considerado un dos asasinos máis temidos do mundo. Cometeu 49 asasinatos e, tras ser capturado, dixo que lamentaba non poder matar ao 50.

Este asasino en serie, Robert Pickton, naceu o 24 de outubro de 1949 en Port Coquitlam, Canadá. Robert era carniceiro de profesión e posuía unha granxa de porcos. Os pais de Robert William Pickton eran Leonard e Lewis Pickton, que eran criadores de porcos e carniceiros en Port Coquitlam, Columbia Británica, a 27 quilómetros ao leste de Vancouver.

Pickton abandonou a escola despois de estudar ata oitavo curso, e despois dunha breve formación de carniceiro, comezou a traballar na granxa de porcos da súa familia.

En 1978 faleceu o seu pai e ao ano seguinte a súa nai. Pickton tiña dous irmáns. Despois da división da propiedade, a granxa de porcos chegou a Pickton. Despois diso, comezou a xestionar a granxa pola súa conta.

A súa forma era como un "lugar con aspecto de terror". Alí vivía un "home moi tranquilo" como Pickton, cuxo comportamento era moi estraño.

Pouco a pouco, comezou a organizar espectáculos benéficos, bailes e exposicións na súa granxa. As festas salvaxes no matadoiro comezaron a atraer á xente. Miles de persoas asistiron a estes actos.

Nunha desas festas, o 23 de marzo de 1997, Pickton foi acusado do intento de asasinato da prostituta Wendy Lynn Ester, a quen acoitelou varias veces durante unha pelexa no rancho. Pickton foi arrestado. Pero a acusación contra el foi desestimada en xaneiro de 1998.

A policía prohibiu que se celebrasen festas na granxa, pero Pickton continuou traballando en segredo.

A policía estaba recibindo constantes queixas de que, nos últimos tres ou catro anos, a maioría das mulleres que foron á granxa de Pickton estaban desaparecidas.

Serena Abbotsway, de 29 anos, desapareceu en agosto de 2001; a súa nai denunciou a súa desaparición o 22 de agosto de 2001. Mona Lee Wilson, de 26 anos, foi ver o seu médico o 30 de novembro de 2001 e foi denunciada como desaparecida esa noite.

Andrea Josbury, de 22 anos, foi vista por última vez en xuño de 2001 e foi denunciada como desaparecida o 8 de xuño de 2001. Brenda Ann Wolfe, de 32 anos, foi vista por última vez en febreiro de 1999 e foi denunciada como desaparecida o 25 de abril de 2000.

Marnie Lee Frey, como se viu en agosto de 1997, foi denunciada como desaparecida o 29 de decembro de 1997. Georgina Faith Papin foi avistada en xaneiro de 1999 e denunciada como desaparecida en marzo de 2001.

Jacqueline Michelle McDonnell, de 22 anos, foi vista por última vez en xaneiro de 1999 e foi denunciada como desaparecida. Diane Rosemary Rock, de 34 anos, foi vista por última vez o 19 de outubro de 2001. O 13 de decembro de 2001 foi denunciada como desaparecida. Heather Kathleen Bottomley, de 27 anos, foi vista por última vez o 17 de abril de 2001 e foi denunciada como desaparecida.

Así Helen Mai Hallmark, Patricia Rose Johnson, Heather Chinook, Tanya Hollick, Sherry Irving, Inga Monique Hall, Tiffany Drew, Sarah De Vries, Cynthia Felix, Angela Rebecca Jardine, Diana Melnick, Debra Lynn Jones, Wendy Crawford, Keri Kosky, mulleres como Andrea Fey Borhaven, Cara Louise Ellis, etc., desapareceron. De quen se informou á policía da desaparición?

O 6 de febreiro de 2002, decenas de policías con orde de busca por delitos con armas de fogo allanaron a granxa de porcos en Mar Pickton, un suburbio de Port Coquitlam.

Na intensa busca atopáronse na finca obxectos persoais das desaparecidas e tamén se atoparon algunhas armas, que foron seladas polo equipo policial. Ao día seguinte, Pickton foi acusado dun delito de armas e arrestado. Máis tarde, foi posto en liberdade, pero mantívose baixo vixilancia policial. Tamén estaba a buscar a súa forma. Foi a maior investigación dun asasino en serie na historia do Canadá. O 22 de febreiro de 2002, Robert Pickton foi arrestado polos asasinatos de Serena Abbotsway e Mona Wilson. O 2 de abril de 2002, engadíronse tres cargos máis polos asasinatos de Jacqueline McDonnell, Diane Rock e Heather Bottomley. Este foi seguido o 9 de abril de 2002 por un sexto cargo polo asasinato de Andrea Josbury e un sétimo por Brenda Wolfe. O 20 de setembro de 2002, engadíronse catro cargos máis polos asasinatos de Georgina Papin, Patricia Johnson, Helen Hallmark e Jennifer Furminger. O 3 de outubro de 2002 presentáronse catro acusacións máis polos asasinatos de Heather Chinnock, Tanya Hollick, Sherry Irving e Inga Hall, o que leva o total a quince cargos.

Despois da detención de Pickton, moitas persoas achegáronse e falaron coa policía sobre o que pasou na granxa. Unha das testemuñas foi Lynn Ellingson. Por medo a perder a vida, Ellingson afirmou que vira a Pickton varios anos antes cunha muller colgada dun gancho de carne e non lle contara a ninguén sobre iso.

A escavación da forma continuou. A análise forense estaba a resultar difícil xa que os corpos estaban descompostos. Pickton pode ter carne humana moída e combinala con carne de porco que vendeu ao público, segundo o goberno. Os funcionarios tamén informaron máis tarde que Pickton alimentou os cadáveres directamente aos seus porcos.

O 26 de maio de 2005 presentáronse doce cargos máis contra Pickton polos asasinatos de Cara Ellis, Andrea Borhaven, Debra Lynn Jones, Marnie Frey, Tiffany Drew, Keri Kosky, Sarah De Vries, Cynthia Felix, Angela Jardine, Wendy Crawford e Diana.

Durante o interrogatorio de Pictor, revelouse que matara mulleres e enterrou os seus corpos na súa granxa preto de Vancouver. Robert tiña como obxectivo principalmente as prostitutas. Adoitaba ir a diferentes lugares e falar coas prostitutas, traíndoas á súa granxa atraíndoas con drogas e alcohol. Non só isto, senón que antes do asasinato, Robert tamén tiña sexo con estas prostitutas. Robert adoitaba matar mulleres dándolles inxeccións. A estas mulleres adoitaba dicirlle que era unha inxección de drogas. Despois de matar as prostitutas, desmembrabaas e tirábaas no galpón do xabaril. Dise que mesturaba carne humana con carne de porco e vendíalla a moita xente.

En 2006, Robert Pickton foi acusado dun cargo en primeiro grao de seis asasinatos. O 9 de decembro de 2007, tras un longo xuízo, Pickton foi condenado por asasinato en segundo grao na morte de seis mulleres. Foi condenado a cadea perpetua.

Non obstante, cando Robert foi encarcerado, os familiares das vítimas acusaron á policía de non investigar o asunto a fondo xa que a maioría das mulleres eran traballadoras sexuais. A familia alegou que se a policía investigase o asunto a fondo poderíanse descubrir moitos máis asasinatos.

13. Bela Kiss (Hungría)

B ela Kiss foi o asasino en serie máis temido de Hungría. Gustáballe matar mulleres. Este brutal asasino, Bela Kiss, naceu en 1877 en Issac, Austria-Hungría, de Janos Kiss e Verona Verga. A unha idade temperá, a súa relación cos seus pais non era boa. Non hai moita información relacionada coa infancia de Bela Kiss. Pero dise que este home era moi intelixente e alegre de ver. A xente da zona onde vivía considerábao moi simpático. Pero cando os seus horripilantes feitos foron expostos, os sentidos de todos quedaron alucinados.

Con 23 anos, Bela Kiss alugou unha casa na cidade de Cincotta. Daquela, adoitaba facer pequenos negocios e era recoñecido como un cabaleiro entre as persoas que o rodeaban.

Bela Kiss, que se describiu como un astrólogo, comezou o traballo de levar a cabo os seus temidos crimes no ano 1903. Dise que Bela matou brutalmente a máis de 24 mulleres. Bela adoitaba publicar anuncios do seu matrimonio nos xornais. Adoitaba atraer ás mulleres con cartos, terras ou bens e tamén lles dicía que casasen con el. No ano 1912, Bela Kiss casou con Mary, unha muller 15 anos máis nova ca ela, pero pronto Mary achegouse a unha nova artista, Bikari. Ambos foron as primeiras vítimas de Bela. Cando lle preguntaron por estes dous, Bela adoitaba dicir que Mary fora a América co seu mozo, Bikari, pero a verdade é que os asasinara brutalmente a ambos.

Despois deste asasinato, Bela fixo que moitas mulleres solteiras sexan as súas vítimas. Adoitaba convidar á súa casa mulleres con cartos e adornos para despois estrangularas ata morrer. Tamén había algo arrepiante que Bela cría en manter a salvo os cadáveres das súas vítimas despois de matalos. Mercou moitos bidóns de aceiro. Despois de matar mulleres, adoitaba poñer os seus cadáveres nestes tambores. Tamén botaba metanol nestes bidóns para que o fedor do cadáver non se espallase por todas partes. A Bela Kiss tamén se lle chamaba o "Vampiro" de Cincotta porque, despois de matar a moitas mulleres, cortoulles o pescozo e derramou todo o sangue dos seus corpos no sumidoiro.

Os crimes de Bela Kiss foron expostos no ano 1914. É sobre a época na que Bela foi participar na Primeira Guerra Mundial en nome do Exército Austrohúngaro. Nese momento, rumoreaba que Bela morreu na batalla ou foi capturado. Despois diso, o seu propietario decidiu finalmente que faría balance dos enormes bidóns de aceiro que se gardaban na casa de Bela. Sempre que preguntaba con Bela Kiss polos bidóns de aceiro, dixéronlle que se encheron de gasolina para preparar a ración para a próxima guerra. Pero en canto se abriron os bidóns de aceiro, o propietario quedou arrebatado e de inmediato informou diso á policía.

En xullo de 1916, o detective Xefe Karoli da Policía de Budapest chegou e investigou e abriu un tambor. Nel atopouse o cadáver dunha muller. Tamén se atoparon corpos similares noutros tambores. Na procura da casa de Bela atopáronse un total de 24 cadáveres.

Tamén se atopou alí unha sala secreta e pechada. A sala estaba chea de libros. Moitos dos libros trataban de envelenamento ou estrangulamento. Había cartas de moitas mulleres. As cartas máis antigas remóntanse a 1903, e quedou claro quen estaba a facer trampas: xeralmente, mulleres de mediana idade que buscaban un noivo para casar.

Kiss tamén deu anuncios en columnas de matrimonio en varios xornais e seleccionou principalmente mulleres solteiras que non tiñan parentes para que ninguén as buscara despois da súa morte.

Tamén enganou a moitas mulleres. A policía tamén atopou antigos antecedentes xudiciais que demostraban que dúas mulleres tamén se denunciaron por enganar contra el xa que lles quitara diñeiro. Despois, ambas as mulleres desapareceron, e os casos foron sobreseídos.

Kiss estrangulaba a todas as mulleres que entraban na casa, despois mollaba os seus corpos en metanol e selounas en bidóns de metal herméticos.

Despois de que o asunto saíse á luz, a policía intensificou a busca de Bela. A policía local tamén pediu ao exército que arrestase a Bela Kiss. Non obstante, moitas persoas no exército tiñan nomes similares, polo que o exército non puido arrestalo por non poder recoñecelo. Con todo, dise que despois disto, a policía soubo que Bela estaba a ser atendida nun hospital serbio. Pero tivo a noticia antes de que a policía puidese chegar ao hospital, e fuxiu de alí o 4 de outubro de 1916. Dise que despois disto, Bela foi vista por última vez por un detective na cidade de Nova York no ano 1932. Tamén houbo rumores de que Bela vivía na cidade de Nova York e traballaba como conserxe, aínda que non se puido confirmar. Cando a policía foi a interrogar ao vixilante, este marchara.

Este asasino en serie húngaro nunca foi capturado desde entón.

14. Samuel Little (Estados Unidos)

E ra un asasino en serie cínico que matou a 93 mulleres. É desgarrador que os investigadores revelasen nas súas revelacións que Little puido gozar dos praceres físicos do sexo despois de estrangular a xente. Dixo que adoitaba cazar mulleres en lugares como discotecas e bares e despois estrangularas traíndoas no seu coche.

Samuel Little naceu nos Estados Unidos de América o 7 de xuño de 1940 en Reynolds, Xeorxia. Foi nomeado polo FBI como o asasino en serie "máis perigoso" da historia dos Estados Unidos. Dáballe o pracer de matar mulleres. Little, un antigo boxeador, dirixiuse sobre todo a mulleres marxinadas e vulnerables, como as traballadoras do sexo e as drogodependentes. Segundo o FBI, moitas das mortes de Little foron pensadas como accidentais ou por causas indeterminadas.

O asasino, Samuel, tamén era un artista brillante, e debuxou e deu nomes ás persoas ás que cazaba. Xunto a isto, tamén dixo á policía o ano e o lugar onde matara e onde tirara o cadáver. Little admitira matar a 93 persoas entre 1970 e 2005 ata a súa morte.

Varias veces, Samuel arroxaba o cadáver pola ladeira dunha estrada baleira despois do asasinato. "Ao outro lado da estrada, escoitei un ruído que indicaba que aínda estaba rodando".

"Era fermosa e tiña unha complexión clara, a pel marrón mel, e era un pouco alta, e a súa figura tamén era agradable e amable. En 1982, coñecémonos nun club. Os dous fomos nun coche, e despois paramos ao lado dun lago, e era a única nena que afogara e matara", explicou Samuel.

Samuel era un home de estados de ánimo fluctuantes que adoitaba vagar aquí e alí para facer vítimas de drogadictos e mulleres con dificultades na vida.

Unha muller chamada Martha Cunningham tamén foi vítima de Samuel. O cadáver de Cunningham foi descuberto por uns cazadores nun bosque na tarde do 18 de xaneiro de 1975. Tiña contusións no corpo e estaba espido de cintura para abaixo. Tamén faltaban o seu bolso e algunhas xoias. O seu corpo parecía ser arrastrado ata ese punto e tirado debaixo dun piñeiro. A pesar destas probas, o axente investigador daquela calificouno de morte natural, apenas uns días despois de atopar o cadáver. O médico forense tamén declarara a causa da morte como "descoñecida" no seu informe.

Segundo os funcionarios, Samuel Little adoitaba matar ás vítimas primeiro golpeándoas e despois estrangulalas. No corpo da vítima non había feridas de arma branca nin de bala, polo que era difícil constatar que fora asasinada. En moitos casos, supoñíase que a morte da vítima puido deberse a unha sobredose ou accidente de drogas. Eses casos nunca foron investigados.

Segundo os funcionarios, os asasinatos leváronse a cabo dun xeito tan brutal que, aínda despois de 50 anos, a policía non puido identificar ás vítimas. Os funcionarios din que Little negou inicialmente os asasinatos. Pero despois de case 700 horas de interrogatorio, Little confesou o seu crime. Deu información sobre varios asasinatos, entre eles algúns dos que a policía nin sequera tiña información. Ademais dos nomes das vítimas, Samuel tamén dixo á policía en que ano e onde as matara e despois onde arroxara os seus corpos. Dixera que deambulara e asasinara en moitos outros estados, incluíndo Florida, Texas, Xeorxia, Indiana, Mississippi e Ohio nos Estados Unidos.

Despois de cometer os asasinatos, Samuel a miúdo pensaba que nunca o atraparían porque aínda ninguén contaba o número das súas vítimas.

Samuel cometeu máis de 90 asasinatos en 12 estados en 50 anos. O peor aínda foi que este home, que foi detido con 78 anos, cometeu estes asasinatos durante máis de 50 anos. Ese é un asasino que deambulou libremente por chan americano durante case cinco décadas. Antes disto, Little foi detido por primeira vez aos 16 anos. Levaba 10 anos no cárcere en diferentes casos.

Samuel Little foi arrestado en Kentucky en 2012 nun caso relacionado con drogas e despois leváromo a California. Aquí os axentes fixeron a súa proba de ADN. Coincidir co seu ADN resolveu o misterio de tres asasinatos no condado de Los Ángeles entre 1987 e 1989. Samuel negou estes asasinatos pero finalmente foi condenado e condenado a tres cadeas perpetuas separadas. Con este castigo, non había marxe para conseguir a liberdade condicional.

Samuel Little xa tiña amplos antecedentes penais, con delitos que van desde roubos a man armada ata violacións nos Estados Unidos.

O asasino en serie máis perigoso de Estados Unidos, Samuel Little, está no cárcere desde 2014 tras ser condenado por varios casos de asasinato. Ingresou nun hospital de California debido a unha enfermidade, pero faleceu o 30 de decembro de 2020 aos 80 anos durante o tratamento. Tiña moitas enfermidades, como diabetes e enfermidades cardíacas.

15. Luis Alfredo Garavito (Colombia)

Luis Alfredo Garavito Cubillos é un asasino en serie e violador de Colombia. Luis Alfredo é un asasino en serie que violou a máis de 300 nenos e matou a máis de 140 persoas. Luis Alfredo Garavito naceu o 25 de xaneiro de 1957 en Xénova, Colombia. Lewis tiña sete irmáns. Cóntase que a nai de Garavito era unha prostituta e o seu pai sempre un borracho. O conflito entre pais e fillos era habitual. Mentres tanto, Garavito tamén tivo que soportar a insoportable tiranía dos seus pais. Xa de pequeno, os veciños se levaran mal con Garavito. Despois destes incidentes, o seu equilibrio mental deteriorouse, e tamén se volveu adicto ás drogas. Frustrado, con oito anos, Garavito fuxiu da casa e entregouse a delitos. Sobre todo, andaba borracho e enfadado.

Unha vez, ao ver a un mozo Garavito vagando só pola rúa, un home levouno á súa casa, prometéndolle comida e un lugar onde descansar, pero en lugar de proporcionarlle comida e un lugar para durmir, o home agrediu sexualmente a Garavito.

En defensa propia, Garavito únese a unha banda de ladróns. Esta banda roubaba a miúdo aos colombianos, e o botín repartíase entre eles. Garavito atopou axiña un bo lugar na cuadrilla. Comezou a ter unha boa renda. Despois duns anos, separouse e comezou a roubar e victimizar nenos para a súa gratificación sexual.

Garavito adoitaba facer amizade cos nenos que vivían na rúa atraíndoos para que lles regalasen e despois matándoos. Garavito adoitaba facerse vendedor ambulante e ás veces monxe para gañarse a confianza dos nenos. Non só iso, senón que ía frecuentemente entre a xente como profesor e traballador de caridade. Debido a que chegou a ser mestre ou traballador social, a xente nin sequera dubidaba del pero dáballe as grazas. Garavito dirixiuse a rapaces de 6 a 16 anos sen fogar, labregos ou orfos. Adoitaba facerse cura, ás veces labrego, vendedor ou

71

narcotraficante, para cortejar aos rapaces. Garavito adoitaba disfrazarse para non facer sospeitar das súas actividades.

Para conseguir a simpatía da xente, íase minusválido ás veces. Cando a xente caía na súa trampa, levábaas a dar un longo paseo, e despois de violalas, vendo un lugar deserto, estrangulabaas ata morrer. Non só iso, senón que tamén partiu o cadáver en anacos para que non puidese ser identificado. Este asasino en serie tamén cazaba nenos nunhas 50 cidades de Colombia.

Isto provocou a rápida desaparición de rapaces de entre 6 e 16 anos en Colombia a partir de principios de 1992. Moitos nenos en Colombia eran pobres, sen fogar ou orfos debido a décadas de guerra civil. Así que estes asasinatos pasaron desapercibidos durante anos xa que non se presentaron informes policiais sobre a desaparición de moitas vítimas.

Cando o número de nenos desaparecidos aumentou inesperadamente, en 1997 solicitouse unha investigación exhaustiva sobre os nenos desaparecidos, xa que os asasinatos non se limitaban a unha zona específica.

Nesta secuencia, en febreiro de 1998, atopáronse os cadáveres de dous nenos espidos tirados un ao carón do outro nun outeiro ás aforas da cidade de Xénova. Ao día seguinte, o corpo espido doutro neno foi atopado a escasos metros de distancia. Os tres tiñan as mans atadas e había indicios de abuso sexual. As vítimas presentaban feridas graves no pescozo e contusións nas costas, xenitais, pernas e nádegas.

A medida que avanzaba a investigación, a policía atopou 36 cadáveres máis no cemiterio da cidade de Pereira, Colombia. Despois diso, a policía sospeitou que detrás disto estaba algunha secta relixiosa.

No lugar do crime atopouse unha nota, cunha dirección escrita; esta información levou á policía á noiva de Garvito.

A noiva de Garavito chamábase Teresa. Púxose en contacto con ela pero díxolle á policía que levaba meses sen ver a Garavito. Porén, deulle á policía unha bolsa que Garavito lle deixara, na que se atopaban moitas das pertenzas de Garavito.

Estes elementos incluían fotografías de mozos, recortes detallados de xornais dos seus asasinatos, as pertenzas das súas vítimas e varias facturas. Esta nova información levou á policía ao paradoiro de Garavito, pero alí non foi atopado.

A policía cría que Garavito viaxaba por traballo ou trataba de atopar a súa próxima vítima. A aprehensión da policía resultou ser certa.

Mentres tanto, cando Garavito intentou atraer a un neno, un home que pasaba por alí comezou a berrar "policía". Despois, Garavito foi detido e converteuse así no asasino máis buscado de Colombia.

Cando se rexistrou a casa de Garavitos, alí recuperáronse recortes de xornais das vítimas. Tras unha investigación, a policía detivo debidamente a Garavito o 22 de abril de 1999, por separados cargos de asasinato e tentativa de violación.

Garavito foi interrogado sobre os asasinatos locais e as acusacións de violación contra el. Nun primeiro momento, negou todas as acusacións. Máis tarde, ao apretar, rompeuse. Este asasino confesou o asasinato de 140 nenos ante a policía. Durante o interrogatorio policial, Garavito confesou asasinatos en 54 cidades de todo o país. En base á súa declaración, a policía tamén recuperou os cadáveres e os esqueletos das vítimas.

Segundo a policía, nunca permaneceu nun lugar durante un período prolongado e cambiaba con frecuencia de residencia, o que dificultaba a súa captura. Durante o interrogatorio, Garavito fixo un mapa e díxolle á policía os lugares onde matara e enterrara os cadáveres.

Este asasino en serie converteu a un neno de 6 anos na súa vítima por primeira vez. O perigoso que debeu ser este asasino pódese medir polo feito de que tamén se chamaba "A Besta".

Aínda que Garavito confesou matar a 140 nenos en toda Colombia, foi acusado de asasinar a 172. Foi declarado culpable de 138 dos 172 asasinatos. Garavito recibiu a condena máis longa da historia de Colombia: 1.853 anos e 9 días de cárcere. Aínda que podería ser condenado a unha pena máxima de 30 anos segundo a lexislación colombiana por estes delitos, é probable que saia de prisión despois de cumprir 22 anos pola súa axuda na investigación.

Garavito cumpre actualmente a súa condena nun dos cárceres máis seguros de Colombia. Mantense separado de todos os demais prisioneiros porque se teme que o maten inmediatamente.

16. Si Quey Sae-Ung (Tailandia)

Si Quey Sae-Ung é o primeiro asasino en serie da historia da Tailandia moderna. Na década de 1950, matou a varios nenos e presuntamente comeu os seus fígados e corazóns.

Cando os soldados non conseguían comida no campo de batalla, intentaron sobrevivir comendo os corpos dos soldados mortos. Era a súa obriga de facelo.

Despois do final da Segunda Guerra Mundial, cando os soldados volveron ao mundo real, todos volveron ao vello estilo de vida, pero isto non lles pasou a todos. Si Quey Sae-Ung, un soldado chinés que loitara na Segunda Guerra Mundial, adquiriu o hábito de comer carne humana.

Aínda que Si Quey era orixinario de China, no ano 1946 chegou a Tailandia e instalouse alí. Si Kwai comezou unha nova vida en Tailandia, onde viviu na pobreza e fixo varias tarefas laborais sinxelas como a xardinería. Durante este tempo, comeu comidas normais, pero o seu desexo de consumir carne humana fíxose máis forte cada día. Cando non podía vivir sen ela, empezou a recoller nenos das proximidades.

Si Quey collería primeiro ao neno e despois torturaríao ata a morte. Despois diso, moitos dos seus órganos, incluíndo o fígado e o corazón, serían eliminados e comidos. Fixo seis fillos as súas vítimas un por un. Si Quey estaba facilmente cazando, evitando os ollos da policía e do público, pero un día do ano 1958, a xente vírono queimar un cadáver no bosque da provincia de Rayong.

Os veciños sospeitaron, pensando que Si Quey, que vivía soa en Tailandia, estaba queimando un cadáver, e chamaron á policía. A policía chegou e arrestou a Si Quay e levouno á comisaría. Cando Si Quey comezou a ser interrogado alí, comezou a enganar á policía. Pero Si Quey non puido mentir á policía por moito tempo e derramou toda a historia.

Queimou o corpo dun neno de 8 anos. Este rapaz levaba uns días desaparecido da súa casa. Non só matou ao neno e intentou destruír as probas, senón que tamén comeu algunhas das súas partes.

Durante a investigación, a policía soubo que Si Quey tamén cometera os asasinatos doutros cinco nenos desaparecidos despois de 1954. Sacoulles os órganos, ferveunos e comeunos.

Os cadáveres de catro nenos atopáronse no distrito de Thap Sake, no centro de Tailandia, mentres que os outros asasinatos cometéronse en Bangkok e nas proximidades de Nakhon Pathom e Rayong.

A policía quedou sorprendida ao saber que os nenos que buscaba foran asasinados e comidos polo asasino. Foi acusado de matar a seis nenos. Confesou á policía que se dirixiu aos nenos xa que era fácil seducilos.

Os xornais contaban con historias arrepiantes sobre o pasado de Si Quey. Loitou contra os xaponeses na illa de Hainan como membro do exército chinés, onde o seu comandante instruíu aos seus homes a comer os fígados dos seus inimigos mortos. Como o centro da alma humana, críase que o fígado tiña poderes rexenerativos.

Naqueles días, o seu nome fíxose tan temido que os pais comezaron a chamalo para asustar aos nenos de saír pola noite.

Tivo lugar unha vista xudicial e o asasino en serie foi condenado a morte. Daquela, en Tailandia, a pena de morte deuse por tiroteo. Si Quey foi executado a tiros en 1959, pero aínda despois diso, non foi incinerado.

Tras a súa morte, un médico do hospital local Siriraj solicitou que se conservase o corpo de Si Quey para poder estudar o seu cerebro. A petición foi concedida e a súa momia foi colocada nun cadaleito de vidro no Museo Forense do Hospital Siriraj de Bangkok, visitado por persoas de todo o mundo.

O cadáver de Si Quey foi retirado da caixa en agosto de 2019 tras unha campaña de activistas dos dereitos humanos, e 60 anos despois, en xullo de 2020, monxes budistas de Bangkok oraron con flores diante do cadaleito de Si Quey. Despois diso, o seu cadáver foi trasladado ao crematorio, onde o xefe do departamento de correccións realizou os últimos ritos do asasino en serie. Durante este, ademais do persoal do hospital, tamén estivo presente xente da zona.

17. Richard Ramírez (Estados Unidos)

Houbo moitos asasinos en serie temidos no mundo, pero hai algúns nomes que fan tremer a alma. Un destes nomes de demo é Richard Ramírez. O mundo tamén o nomeou "O cazador da noite". Rexistráronse contra el 13 casos de asasinato, 5 de intento de asasinato, 11 de violación e 14 de delincuencia. Aínda que esta é só unha cifra oficial, a lista dos seus crimes é moito máis longa.

Ricardo Leva Muoz Ramrez, tamén coñecido como Richard Ramrez, naceu o 29 de febreiro de 1960 en El Paso, Texas, Estados Unidos. Na casa de Giulian e Mercedes Ramírez. O seu pai era un alcohólico enfadado que adoitaba golpear a súa muller e os seus fillos con frecuencia. Ao entrar no ambiente doméstico, Richard Ramírez comezou a tomar drogas e beber alcohol aos 10 anos.

En 1982, aos 22 anos, Ramírez trasladouse de Texas a California. Aquí, o 10 de abril de 1984, fixo a súa primeira vítima. No soto do hotel de San Francisco onde estaba aloxado, Ramírez asasinou a Mei Leung, unha nena chinesa-estadounidense, de nove anos. É violada antes de que Ramírez colgue o seu cadáver dunha pipa.

O feito de que adoitaba comer comida mentres estaba sentado preto dos cadáveres revela o cruel que era un criminal. Despois do asasinato, adoitaba comer todo o que gardaba na casa da vítima.

O 28 de xuño de 1984, Jenny Vinko, de 79 anos, foi atopada morta no seu apartamento de Los Ángeles. O asasinato saíu á luz cando Jack Vinko veu visitar a casa da súa nai. Viu que faltaba unha cortina da ventá, a porta de entrada aberta e as pertenzas da súa nai espalladas pola casa. A Jenny Vinko cortáronlle a gorxa e foi apuñalada repetidamente.

O 17 de marzo de 1985, Ramírez atacou a María Hernández, de 22 anos, fóra da súa casa en Rosemead, no condado de Los Ángeles, California. disparoulle a María na cara, pero ela sobreviviu. O seu compañeiro de cuarto, Yoshi Okazaki, que acudiu a rescatalo, tamén recibiu un disparo mortal na cabeza por parte de Ramírez. Unha hora máis tarde, Ramírez recibiu dous disparos despois de sacar a Sai-Lian Veronica Yu do seu coche en Monterey Park e fuxir.

O 27 de marzo de 1985, Ramírez mudouse a unha casa en Whittier, no condado de Los Ángeles, no sur de California. Aquí roubara antes. Disparou na cabeza ao durmido Vincent Charles Zazara, de 64 anos. A súa muller, Maxine Levania Zazara, de 44 anos, espertou o son dun disparo. Ramírez deulle unha malleira e botouno a un lado. Despois comezou a recoller obxectos de valor da casa. Aproveitando a ocasión, Maxine sacou unha pistola dun caixón e apuntou a Ramírez coas mans trementes. Pero o canalla Ramírez disparoulle tres veces, despois apuñalouno, os ollos sacándolle. Pon os ollos nunha caixa de xoias e sae. Despois marchou deixando as súas pegadas.

O 14 de maio de 1985 Ramírez arremeteu contra a familia Doi. Irrompe na casa de Bill e Lillian Doi en Monterey Park. Disparou a Bill Doi na cara e deixouno morto, logo atou a Lillian. Buscou a súa casa en busca de obxectos de valor e despois violouna. Bill Doi morreu no hospital.

O 29 de maio de 1985, Ramírez roubou un coche en Monrovia, California, e levouno á casa de Mabel "Ma" Bell e Florence "Netty" Lang. Atacou a ambas as nenas cun martelo e ataunas no dormitorio. Despois recolléronse os obxectos de valor. Bell é brutalmente violado e logo foxe, deixando morrer os dous. Os dous foron atopados vivos dous días despois, pero Bell finalmente morreu polas súas feridas mortais.

O 30 de maio de 1985, Ramírez entrou na casa de Carol Kyle en Burbank nun coche roubado. Atou o fillo de Carol, de 11 anos. Viola a Carol e fuxe cos seus obxectos de valor.

O 2 de xullo de 1985, Ramírez chegou á casa de Mary Louise Cannon en Arcadia, California, nun coche roubado. Quitouse a vida cun coitelo, roubou os obxectos de valor e fuxiu.

O 5 de xullo de 1985, Ramírez atacou cun ferro a Whitney Bennett, de 16 anos, mentres durmía na casa de Sierra Madre, California. Despois intentou estrangulara cun cable telefónico pero ao ver a faísca que emanaba do cable, Ramírez soltouna e fuxiu cuns obxectos de valor. Bennett sobreviviu á morte.

O 7 de xullo de 1985, Ramírez entrou na casa de Joyce Lucille Nelson en Monterey Park. Matou a Joyce golpeándoo. Entón entrou na casa de Sophie Dickman. Esposazouna a punta de pistola, intentou violala e rouboulle as xoias. Entón levantou o slogan "Satanás, viva" e fuxiu. O 20 de xullo de 1985, Ramírez mercou un machado e roubou outro coche. O coche dirixiuse ata a casa de Layla e Maxon Needing en Glendale, California. Matou a ambos cun machado e unha pistola en mal estado e roubou a casa.

Despois entrou na casa de Khovanant en Sun Valley. Chanarong Khovanant disparou e violou mortalmente a Somkid Khovanant. O seu fillo de oito anos estaba atado. Somkid viuse obrigado a sacar os obxectos de valor da casa. Conseguiu que levantase consignas de "Satan Long Live" e fuxiu, ameazando con non ocultar o diñeiro.

Ramírez entrou na casa de Chris e Virginia Peterson o 6 de agosto de 1985. Disparou a Virginia na cara e despois a Chris no pescozo. Chris escapou e enfrontouse a el. Virginia tamén reprimiu contra el. Ramírez tivo que correr. A parella sobreviviu.

O 8 de agosto de 1985, Ramírez entrou na casa de Sakina e Elias Aboth. Disparou a Elías na cabeza mentres durmía. O seu fillo de tres anos estaba atado. Entón pediulle a Sakina que lle trouxese xoias. Viorou a Sakina, despois matouna e marchou.

O 18 de agosto de 1985, Ramírez deixou Los Ángeles e trasladouse a San Francisco. Aquí irrompe na casa de Peter e Barbara Pan e dispara a Peter na cabeza. Bárbara foi violada e fusilada. Escribiu "Jack the Knife" na parede do cuarto co seu batom e fuxiu cos obxectos de valor.

O 25 de agosto de 1985, Ramírez chegou a Mission Viejo roubado dun coche Toyota laranxa roubado. Pero, antes de que puidese parar, James Romero, de 13 anos, que xogaba preto, dixo: "O noso coche!" e foi avisar ao seu pai. Cando a familia saíu, Ramírez fuxira. Non obstante, a familia identificou o seu coche pola cor, marca e matrícula do coche e informou á policía.

Descoñecendo todo isto, Ramírez irrompeu na casa de Bill Carnes e Inez Erikson. Atou a Bill Carnes e golpeouno severamente. Viorou á súa muller, Inez Eriksson, e díxolle que estaba namorada do demo, Ramírez.

Despois de saír, Erikson deulle os detalles de Ramírez ao axente de policía. Tamén se atoparon as súas pegadas no espello. Segundo os detalles recibidos de Erikson, a policía sacoulle unha foto e publicuna en todos os xornais.

Ramírez viaxou a Tucson, Arizona, para ver ao seu irmán o 30 de agosto de 1985. Volveu á mañá seguinte, o 31 de agosto de 1985.

Esa mañá, Ramírez foi a unha licorería do centro de Los Ángeles e fuxiu ao ver a súa cara na primeira páxina do xornal. En canto Ramírez comezou a correr, a xente recoñeceuno.

Nun piso non moi lonxe, intentou capturar a Angelina de la Torre. Berrou en castelán para dar as chaves do coche. Ela negouse. O seu marido, Manuel de la Torre, achegouse e golpeou a Ramírez nun poste eléctrico.

Ao escoitar o ruído, os veciños saíron e rodearon a Ramírez. Foi duramente golpeado e entregado á policía.

O xuízo a Ramírez comezou o 22 de xullo de 1988. Na súa primeira comparecencia ante o tribunal, Ramírez gritou: "Satanás, viva".

O 14 de agosto de 1988, Phyllis Singletary, membro do xurado do xuízo de Ramírez, foi asasinado a tiros no seu apartamento. O xurado pregúntase se Ramírez estivo detrás da súa morte, pero máis tarde decátase de que o seu amante a matou e despois se suicidou.

O 20 de setembro de 1989, Ramrez foi condenado e condenado a morte por 13 delitos de asasinato, cinco delitos de tentativa de homicidio, 11 delitos de agresión sexual e 14 delitos de roubo. O xurado afirmou: "Os seus crimes están cheos de crueldade e salvaxismo, máis aló de calquera escala humana".

Ramírez nunca lamentou os seus crimes. Faleceu por complicacións de saúde o 7 de xuño de 2013, aos 53 anos, no Marin General Hospital de Greenbrae, California.

18. Dennis Nilsen (Reino Unido)

D ennis Andrew Nilsen naceu o 23 de novembro de 1945 en Fraserburgh, Aberdeenshire, Escocia. Elizabeth Duthie White e Olav Magnus Moxheim foron os seus pais. Era o segundo máis vello dos seus tres fillos. No ano 1948, os seus pais divorciáronse. Os recordos da primeira infancia de Nilsen estaban cheos de desintegración familiar. Nilsen quería moito ao seu avó. O seu avó era pescador. Unhas semanas antes do sexto aniversario de Nilsen, o seu avó morreu dun ataque cardíaco mentres pescaba no Mar do Norte. Despois da morte do seu avó, Nilsen quedou só. Cando chegou a puberdade, Nilsen deuse conta de que era gay. Non obstante, debido á confusión e á vergoña, non llo dixo á súa familia e amigos.

En 1961, con 14 anos, Nilsen uniuse á Forza de Cadetes do Exército Británico e adestrouse como cociñeiro. A súa carreira militar de 11 anos abarcou Alemaña, Noruega, Iemen do Sur, Chipre e Escocia.

En 1972, deixou o traballo no exército e chegou a Londres, onde se uniu á policía durante algún tempo.

Ao comezo do asasinato en serie, Nilsen intentou estrangular a un mozo que trouxera a casa. Pero o mozo fuxiu saltando pola fiestra, e a policía foi chamada ao lugar. Pero cando o mozo e a súa familia da comisaría negáronse a nivelar os cargos, Nilsen quedou en liberdade.

O primeiro asasinato de Nilsen ocorreu en decembro de 1978. Apuntou sobre todo a mozos sen fogar, vagabundos, traballadores sexuais e homes homosexuais. Adoitaba coñecer descoñecidos nos bares e nos transportes públicos, que eran levados á súa casa con ofertas de alcol ou un lugar onde quedar. Do mesmo xeito, a finais de 1978, coñeceu a Stephen, Dean Holmes, de 14 anos. Os dous foron xuntos a casa, pero Holmes nunca regresou. Nilsen violou e matou a Holmes porque temía que Holmes se queixase á policía. Pouco despois, intentou matar a un estudante chamado Andrew Ho, pero Ho escapou e fuxiu.

En decembro de 1979, Nilsen matou ao turista canadense Kenneth Ockenden.

O ano 1980 comezou co asasinato de Martin Duffy. Nilsen levou a este mozo de 16 anos sen fogar á súa casa coa promesa de abrigo e comida. O neno converteuse na terceira vítima de Nilsen. Despois da desaparición de Martin Duffy, a súa familia buscouno moito. Nilsen matou a outras cinco persoas durante o ano 1980. Con todo, só unha delas foi identificada. O escocés William Billy Sutherland tiña 26 anos cando chegou a Londres a buscar traballo en agosto de 1980. Foi a un centro de traballo onde traballaba Nilsen e foi asasinado pouco despois. A súa familia denunciou a súa desaparición, pero ata a detención de Nilsen, o caso de Sutherland permaneceu sen resolver.

Nilsen intentou matar a Douglas Stewart, de 29 anos, pero Stewart fuxiu despois de traizoar a Nilsen.

En setembro de 1981, Nilsen matou a Malcolm Barlow. Malcolm Barlow era un mozo sen fogar de 24 anos. Unha vez que caeu enfermo, Nelson chamou unha ambulancia e enviouno ao hospital. Malcolm Barlow dixo que agradecería a Nelson cando se recuperase. Pero nunca se recuperou e foi asasinado.

En novembro de 1981, Nilsen seduciu a Paul Nobbs, de 19 anos. Nilsen violouno durante toda a noite. Cando comezou a golpealo, Paul Nobbs suplicou que marchara. Tiña cortes no pescozo e contusións na cara. Nilsen decide deixalo e proponlle que vaia ao médico. Nobbs non informou o incidente á policía.

En marzo de 1982, Nilsen matou a John Howlett, de 23 anos. En maio de 1982, un mozo chamado Carl Stotter escapou das garras do seu captor. Reclamou á policía, pero a súa historia non foi acreditada.

En setembro de 1982, Graham Allen, de 27 anos, foi asasinado por Nilsen.

A principios de 1983, Nilsen asasinou a Stephen Sinclair, de 20 anos, e foi capturado. Nilsen tirou algúns dos restos de Stephen Sinclair ao inodoro, o que obstruíu os sumidoiros da súa casa. Nilsen chamou a un fontaneiro. E o fontaneiro descobre o terrible segredo de Nilsen.

Os fontaneiros atoparon unha substancia semellante á carne e algúns ósos pequenos nos sumidoiros. Disto informou aos veciños. Os veciños temían que puidese tratarse de restos humanos. Ao que Nilsen respondeu: "Sinto que alguén está a botar o seu Kentucky Fried Chicken".

Á mañá seguinte, os sumidoiros foran limpos, pero atopáronse evidencias de máis carne e ósos nun tubo. Chamou a policía, e un médico confirmou que os restos eran humanos.

Nilsen inicialmente finxiu estar sorprendido, pero o DCI Peter J dixo severamente: "Non te metas comigo. Onde está o resto do corpo?"

Entón Nilsen respondeu con calma: "Gardo en dúas bolsas de plástico no armario".

Nilsen foi detido e fixo unha longa confesión na que admitiu ter asasinado a máis dunha ducia de persoas. Non obstante, só se identificaron oito deles.

Na súa casa atopáronse as partes do corpo de tres homes. Foron estrangulados. Os ósos calcinados de polo menos oito cadáveres foron atopados no seu anterior enderezo, Melrose Avenue.

Nilsen admitiu que matou polo menos 15 persoas, pero finalmente foi condenado polos asasinatos de seis persoas e dous intentos de asasinato. O 4 de novembro de 1983 foi condenado a 25 anos de prisión, pero posteriormente foi conmutada por cadea perpetua. Nilsen faleceu o 12 de maio de 2018, aos 72 anos de idade, no York Hospital, York, Reino Unido, tras caer nunha cela de prisión.

19. Joachim Kroll (Alemaña)

Joachim Kroll está rexistrado como o primeiro asasino en serie da historia de Alemaña. Durante máis de 20 anos, Joachim Kroll seguiu sendo motivo de medo entre a xente. Matou a moitas nenas dunha forma espantosa. Non só o mataron, senón que tamén adoitaba comer anacos do cadáver. Por iso este asasino en serie tamén era coñecido como o "Devorador de homes".

Joachim Kroll naceu o 17 de abril de 1933 en Zabrze, agora parte de Polonia. Era o máis novo de oito irmáns e irmás. Cando o pai de Kroll morreu na Segunda Guerra Mundial, a súa familia mudouse a unha pequena casa de dúas habitacións que Joachim compartía coas súas seis irmás e un irmán.

Joachim fixo a súa escola ata o quinto de primaria, despois de que pasou a traballar na granxa familiar. Con 22 anos, viviu coa súa nai como adulto atrasado. Probablemente porque era demasiado difícil para el estar só. Adoitaba mollar a cama, incluso cando era adolescente.

Despois da morte da súa nai en 1955, Kroll trasladouse a Duisburgo, un suburbio de Laar, no noroeste de Alemaña. Aquí traballou como axudante de aseo.

Kroll foi chamado polos nenos locais "Tío Joachim". Adoitaba gardar xoguetes, doces e bonecas no seu pequeno piso de Friesenstrasse. Ás veces invitaba aos nenos da veciñanza á súa casa. Á súa casa tamén viñan moitas rapazas novas. As mozas adoraban as súas bonecas aireadas.

Para satisfacer os seus desexos sexuais, Kroll adoitaba ter relacións sexuais con bonecas aireadas e usábaas como exercicio de estrangulamento.

Durante anos, Joachim viviu en Friesenstrasse. Seguía dando golosinas e agasallos aos nenos pequenos. Os veciños lembran a Joachim como un home agradable e considerado e pensan que quería ter unha familia. Pero cando Joachim Kroll é arrestado por asasinar a

14 vítimas, os seus veciños están horrorizados de que vivan xunto a un asasino en serie.

Joachim foi capturado non por espionaxe policial, senón porque obstruira os sumidoiros dos inodoros con partes do corpo humano. A casa onde vivía tiña un baño compartido. Cando Kroll di ao seu veciño, Oscar Müller, que non use o inodoro porque foi bloqueado por carne humana, Müller queda impresionado. Foi ao baño e viu que na auga había anacos de carne, sangue, etc.

Cando un fontaneiro chegou para investigar o baño, descubriu que Kroll non estaba bromeando. No inodoro atopáronse os órganos internos dun neno, e a policía e o fontaneiro sacaron todos os órganos e colocáronos nun balde.

A pequena, Marion Ketter, levaba varios días desaparecida, e a policía pronto se decatou de que o balde contiña os restos dunha nena.

A policía estaba molesta. Decidiu buscar a casa de Kroll. Algo estaba a cociñar na cociña de Kroll. Ao preguntarlle, admitiu casualmente que contiña anacos da nena desaparecida, nos que ata se vía unha pequena man madurando entre a cenoria e os chícharos.

O 3 de xullo de 1976, Kroll foi detido polo secuestro e asasinato dunha nena de catro anos chamada Marion Ketter. Non se resistiu á detención.

A policía tamén atopou anacos de carne humana na súa neveira.

Kroll, de 43 anos, confesou matar polo menos a catorce nenas entre 1955 e 1976. Todas as vítimas tiñan entre catro e sesenta anos.

Díxolle á policía que, cando era mozo, non puido manter relacións sexuais con mulleres.

Kroll perseverou en silencio no seu asasinato mentres a policía buscaba ansiosamente o asasino dos nenos. Kroll non tiña idea de que os seus asasinatos estaban sendo retransmitidos polos medios de comunicación e que a policía o estaba a buscar.

Os pais de Kroll adoitaban sacrificar porcos para cociñar na súa granxa xusto diante del. Con isto veulle á cabeza a idea: por que non comer carne humana? Dixo que a segunda razón dos asasinatos era que era demasiado caro comprar comida onde vivía. A simple explicación que deu foi que tiña fame e que a carne tenra e carnosa dos nenos pequenos era o único alimento satisfactorio, iso tamén de balde.

Fíxolle unha confesión moi detallada á policía de que lle parecía moi sabrosa a carne dos nenos pequenos e que ademais era moi fácil de conseguir.

O primeiro asasinato que cometeu foi en xaneiro de 1955, tres semanas despois da morte da súa nai. Estaba mentalmente perturbado pola morte da súa nai. Atraeu a unha encantadora de 19 anos, Irmgard Strehl, a un hórreo preto da aldea de Walstede e prometeulle darlle un agasallo precioso.

Cando Kroll expresou o seu desexo de ter relacións sexuais con Irmgard, ela negouse. Cando Kroll o forzou, Irmgard resistiu. El entendeu que mentres ela estivese viva, non podería ter relacións sexuais con ela. Logo apuñalouna na gorxa e estrangouna. Despois da súa morte, violou brutalmente o seu cadáver e despois cortouno cun longo coitelo, como os seus pais adoitaban sacrificar porcos. Atopárono cinco días despois de ser asasinada.

Encontrar ao asasino foi tan difícil porque Kroll cometeu os seus crimes de diferentes xeitos e lugares diferentes. Como resultado do estrangulamento, acoitelado e mordedura das súas vítimas, a policía atopou perfís de varios homes diferentes, ningún dos cales se axustaba á descrición de Joachim Kroll.

Kroll adoitaba levar ás súas vítimas a varios lugares tranquilos e illados, zonas boscosas e deshabitadas, cortando con habilidade os seus corpos como un carniceiro e sacándolles a carne. En 1966, atopáronse sete vítimas máis desde o primeiro asasinato de Irmgard Strehl. Todos eles morreron estrangulados e faltaban anacos de carne dos seus corpos.

Nese momento, a policía non se decatou de que Kroll non só mutilaba ás súas vítimas, senón que tamén comía os seus órganos.

En decembro de 1966, Kroll estrangulou a Ilona Harke, de 5 anos, nunha cuneta en Wuppertal. Violouna e despois matouna afogándoa na auga, xa que quería ver como se sentía ao estar afogado na auga. Kroll foi identificado como un asasino impulsivo. Asasinou e violou a Manuela Nodt, de 16 anos, en Essen e cociñou e comeu a carne das súas nádegas.

Varios homes inocentes tamén foron condenados polo asasinato de Kroll.

O 16 de xuño de 1959, Clara Frida Tesmer, de 24 anos, foi asasinada nun prado preto de Rheinhausen. O mecánico local Heinrich Ott foi arrestado acusado de asasinato. Por cargos espurios, foi encarcerado. Aforcouse no cárcere.

O 23 de abril de 1962, Petra Gies, de 13 anos, foi violada e estrangulada en Dinslaken-Brückhausen. Vincennes Kuen foi arrestada e condenada polo seu asasinato.

Ursula Rohling, de vinte anos, foi estrangulada entre os arbustos do bosque. Atopárona morta dous días despois. Estaba espida por debaixo da cintura. Esa noite, ela fora visitar ao seu mozo, e el era un sospeitoso do seu asasinato. O seu amante estaba tan molesto por esta acusación que se suicidou saltando ao río Main.

O 4 de xuño de 1962, Monica Tafel foi secuestrada de camiño á escola en Walsham. Monica Tafel foi asasinada por Kroll para a súa próxima comida. Utilizou a carne das nádegas, as coxas e os antebrazos para facer un tipo de bisté. Walter Quicker foi acusado do asasinato de Monica Tafel. Entristecido polas burlas e a humillación constante dos cidadáns de Walsham, aforcouse no bosque.

Kroll non se apresurou a atopar as súas vítimas, xa que había un intervalo de 10 anos entre os asasinatos de Ilona Harke e Marion Ketter. Kroll adoitaba matar ás súas vítimas de diferentes xeitos en diferentes rexións de Alemaña, mantendo así lonxe dos ollos da policía. Tampouco sempre fixo canibalismo, polo que outros estarían implicados no seu crime.

Durante case vinte e un anos, Joachim Kroll, un enfermo mental, pasou desapercibido mentres a policía buscaba asasinos intelixentes e astutos. Kroll era coñecido en toda a cidade como un idiota.

Despois da súa detención, Joachim Kroll admitiu nun principio só o asasinato de Marion Ketter, pero aínda que estaba cómodo na súa cela da prisión, máis tarde admitiu outros asasinatos, polos que varios outros foron acusados e condenados.

Kroll admitiu sen remordementos nin pesar que tiña unha grave enfermidade de canibalismo. Durante o xuízo, inxenuamente desexou o seu tratamento para evitar que cometa o crime.

Foi acusado de oito delitos de asasinato e un de tentativa de asasinato. Moitos dos seus crimes tiñan décadas de antigüidade e eran moi difíciles de descubrir. O xuízo durou 151 días e rematou en abril de 1982. Desde que se aboliu a pena de morte no país, Kroll foi condenado a nove cadeas perpetuas consecutivas.

Kroll morreu na prisión de Rhinebach o 1 de xullo de 1991, aos vinte e oito anos.

20. Gao Chengyong (China)

G ao Changyong adoitaba presa de mulleres e mozas vestidas de vermello. Perseguía ás mulleres ata a súa casa e, despois de violalas só, adoitaba matalas dun xeito moi brutal. Cheng adoitaba dirixirse a mozas de 20 anos.

En 2004, tras os continuos asasinatos de mulleres na provincia chinesa de Gansu, a policía anunciou un premio de dous millóns de yuans á persoa que dirixiu o asasino e lanzou unha operación masiva para atrapar ao asasino en serie. Non obstante, a policía capturou a Changyong coa axuda do ADN dun dos seus familiares. A policía detivera a un dos seus familiares por outro crime, e cando se lle fixo a proba de ADN, coincidía co ADN atopado no lugar dos continuos asasinatos en Gansu. Despois diso, a policía detivo a Changyong. Despois diso, Gao Changyong tornouse infame como o "Jack o Destripador" de China.

Gao Changyong cometeu 11 asasinatos entre 1988 e 2004.

Unha moza Baiyin de vinte e tres anos foi a súa primeira vítima. Gao matouna en 1988 cando naceu o seu fillo maior. No cadáver do desgraciado atopáronse vinte e seis feridas. Desde entón, a cidade está en constante estado de pánico.

Durante todo este tempo, a policía buscou sen éxito ao culpable. Os axentes da lei tiñan de todo: ADN, pegadas dixitais, mostras de seme, pegadas de zapatos. Examinaron coidadosamente a todos os residentes de Baiying, pero sen éxito: Gao Chengyong estaba rexistrado na súa cidade natal de Qincheng, a 120 quilómetros do lugar onde cometeu os asasinatos, e sempre eludiu a investigación.

Gao Changyong cometeu actos de necrofilia con polo menos unha das súas vítimas. Ela extirpou os órganos reprodutores, cortou as mans a varias vítimas e cortou os peitos de polo menos unha vítima.

Gao Chengyong naceu o 10 de novembro de 1964 na aldea de Chengche, cidade de Qingcheng, condado de Yuzhong, na cidade de

Lanzhou, Gansu, China. Tiña cinco irmás e dous irmáns. O seu pai era o xefe da familia Gao, a familia máis próspera da aldea de Chenghe.

Gao Changyong estudou na escola ata o estándar 12. Está casado con Zhang. Tivo dous fillos.

O segundo asasinato ocorreu nunha tarde de xullo de 1994 cando un varredor de 19 anos interrompeu a un home que entraba no dormitorio da Oficina de Subministro de Enerxía de Baiyin. Gao cortoulle a gorxa e apuñalouno 36 veces.

Catro anos despois, unha terceira vítima de 29 anos foi atopada espida con 16 feridas; faltaban partes do seu cranio e das orellas.

Tres días despois, Gao matou de novo, esta vez cortando partes do peito e do torso da súa vítima.

Volvendo á oficina de subministración de enerxía de Baiyin o 5 de xullo, Gao atopouse con Miao Miao, de 8 anos, que estaba esperando polos seus pais; violou á nena, estrangouna cun cinto de coiro e despois sacou unha cunca de té dun frasco colocado na mesa da cociña e bebeuna. Máis tarde, a policía preguntoulle a Gao cando violou á nena de 8 anos, Miao Miao, cantos anos tiña o seu fillo nese momento. "Dez", respondeu el.

Catro meses despois, a obreira da fábrica Cui Jinping foi atopada pola súa nai nun charco de sangue, co seu corpo gravemente mutilado. Era o cuarto asasinato de Gao nun ano, e a cidade estaba agora en completo pánico. A policía comezou os interrogatorios porta a porta, rexistrando pisos, buscando desesperadamente testemuñas ou pistas.

Mentres tanto, e quizais sen querer, os axentes estaban sentados para suprimir eles mesmos as probas: mostras de ADN recollidas de varios delitos. Daquela, coa análise forense aínda na súa etapa inicial, o orzamento era extremadamente axustado. De feito, ata mediados da década de 1980, a maioría da policía chinesa non tiña uniformes, estacións, coches patrulla nin equipos tácticos axeitados.

No nordeste de China, a mediados dos anos 90, a demanda dunha policía máis estrita aínda superaba con creces a oferta. Houbo un malestar xeneralizado en moitos lugares. A falta de seguridade social, moitos cometen delitos menores para fuxir.

En 1994, segundo unha fonte da Oficina de Seguridade Pública rexional, había "case con toda seguridade varios asasinos en serie" en liberdade na zona ademais de Gao. A taxa de asasinatos era moi alta naquel momento, certamente moito máis alta que as cifras oficiais, e moita xente fixo cousas terribles.

Gao foi un dos varios asasinos "desorganizados" que agora percorren o país. A aparente ausencia de móbil e a distribución arbitraria dos seus crimes desconcertaron á policía. A apatía xudicial e as restricións xurisdiccionais aseguraron que moitos dos asasinatos da época nunca estivesen vinculados. Aínda que a policía polo menos puido relacionar os asasinatos de Baiyin cun só sospeitoso, el continuou evadiéndoos.

En maio de 2001, Gao atacou e matou a unha enfermeira de 28 anos, a súa cuarta vítima.

A señora Zhu, de vinte e cinco anos, foi asasinada o 9 de febreiro de 2002. O seu corpo descomposto foi atopado 10 días despois, a roupa desposuída e a garganta cortada tras ser violada. Así, cometeu 11 asasinatos. "Ten ganas de matar a alguén", dixo máis tarde aos policías.

Ao final do xuízo no xulgado, Gao levantouse e inclinouse tres veces ante as familias das súas vítimas, logo ofreceuse curiosamente a doar os seus órganos. Durante a vista xudicial, confesou mutilar os corpos de 11 mulleres tras violalas e matalas. O tribunal declarouno culpable e condenouno a morte o 3 de xaneiro de 2019 por roubo e asasinato doloso.

21. Dr. Harold Shipman (Reino Unido)

Harold Shipman foi médico e exerceu en Londres de 1972 a 1998. En nome da práctica, matou a centos de pacientes, na súa maioría anciáns e mulleres. O crime de Shipman pódese medir a partir do feito de que tamén era coñecido como O Anxo da Morte 'e' Doutor Morte'.

Harold Shipman naceu o 14 de xaneiro de 1946 en Nottingham, Inglaterra. Os médicos tamén son chamados dadores de vida, pero Harold manchou a mesma profesión. Aproveitando a súa profesión, matou a máis de 250 pacientes. Harold Shipman comezou a exercer a medicina en 1970, e a súa primeira vítima foi unha muller de 72 anos.

Harold adoitaba matar xente e máis tarde asistía ao funeral de todos. Harold adoitaba dar drogas para matar pacientes. Adoitaba matar pacientes dándolles opio en grandes cantidades. Non se coñecía a causa da morte dos pacientes por opio. Dise que a nai de Harold morreu de cancro de pulmón. Harold quedou profundamente conmocionado pola morte da súa nai, despois de que se converteu nun asasino. Baseándose no interrogatorio de Harold, a policía publicou unha lista de pacientes que foron asasinados por Harold Shipman.

Lizzie Adams, a viúva de 77 anos, morreu o 28 de febreiro de 1997 na súa casa de Coronation Avenue, Hyde, tras reunirse con Shipman. O doutor Harold foi condenado polo asasinato no Preston Crown Court o 31 de xaneiro de 2000.

Rose Ann Adshead: esta muller de 80 anos de Lawton Street, Hyde, acudira ao doutor Harold para buscar medicamentos para aliviar a dor do cancro. Unha hora despois da súa chegada, foi atopada morta na súa casa o 18 de setembro de 1988.

Dorothy Mary Andrew, unha viúva de 85 anos de Sheffield Road, Godley, Hyde, veu a ver o doutor Harold para facerlle unha proba de diabetes. Morreu de camiño a casa o 12 de setembro de 1996, despois dunha inxección letal de Shipman.

Mary Emma, unha muller de 86 anos, visitou o doutor Harold para tratar a dor no pescozo. Morreu o 8 de abril de 1993, despois dunha inxección médica na súa casa de Mona Street en Hyde.

Winifred Aerosmith: Esta señora adoitaba visitar o doutor Harold regularmente. A viúva de 70 anos morreu na súa residencia de Chartist House, Hyde, o 24 de abril de 1984.

Esta viúva de 71 anos de Meadowfield Court, Flower Field, Hyde, acudiu á clínica do doutor Harold para o tratamento dunha dor de garganta e foi atopada morta na súa casa o 7 de marzo de 1995.

Dora Elizabeth Ashton: esta muller de 87 anos de Mona Street, Hyde, morreu o 26 de setembro de 1995, durante a intervención do doutor Harold.

Ada Ashworth, a viúva de 87 anos de Spring Avenue, G. Cross, Hyde, foi atopada morta na súa casa o 27 de novembro de 1984, despois de darlle unha mostra de sangue ao doutor Harold.

Brenda Ashworth, unha muller de 63 anos do recinto de anciáns do Meadowfield Court en Hyde, morreu na súa casa en xuño de 1995. O doutor Harold Shipman acudiu á súa casa para recibir tratamento dunha infección no peito.

Elizabeth Ashworth, a viúva de 81 anos de Peel Street, Hyde, chamou ao doutor Harold o 26 de agosto de 1981 para buscar tratamento para a súa enfermidade estacional. Despois da súa marcha, ela morreu na súa casa.

Sarah Ashworth, a viúva de 75 anos de Boulcree Road, Hyde, morreu na súa casa o 17 de abril de 1993, tras a chegada do doutor Harold.

Elizabeth Mary Badgley, a viúva de 83 anos de Rowan Court, Stockport Road, G. Cross, morreu na súa casa o 21 de novembro de 1997, tras o tratamento do doutor Harold.

O doutor Harold chama a un filador de algodón xubilado de 84 anos de Huff Lane, Hyde, á súa clínica para tomar unha mostra de sangue. Morreu na súa casa o 15 de abril de 1984.

Unha muller de 89 anos de Ashton Road, Hyde, esvarou e caeu. Lily Bardsley: coñeceu ao doutor Harold para tratar a súa dor. Atopárona morta na casa o 7 de marzo de 1995.

Nelly Bardsley: a viúva de Rumford Avenue, Hyde, de 69 anos, morreu na súa casa en presenza de Shipman o 29 de decembro de 1987, cando chamou ao doutor Harold para recibir tratamento xeral.

Elsie Barker-Dr. Harold foi chamado para tratar á viúva de Green Street, Hyde, de 84 anos. Foi atopada morta na súa casa o 29 de xullo de 1996.

Charles Henry Barlow, un policía xubilado de 88 anos de Dawson Road, Hyde, morreu na súa casa o 22 de novembro de 1995, minutos despois da visita do doutor Harold.

Elizabeth Battersby, a viúva de 69 anos de Norbury Avenue, Hyde, morreu na súa casa o 8 de decembro de 1997, tras a visita do doutor Harold.

Ethel Bennett, a solteirona de 80 anos de Cunliffe Street, Hyde, morreu na súa casa o 19 de decembro de 1988, tras ser tratada polo doutor Harold.

Esta muller de 86 anos de Gorse Hall Road, Dukinfield, morreu na súa casa o 26 de xuño de 1996, tras a visita do doutor Harold.

Charlotte Bennison, unha viúva de 89 anos de Robotham Street, G. Cross, e antiga máquina de coser, morreu na súa casa o 27 de xaneiro de 1997, tras a visita do doutor Harold.

Arthur Bent, o viúvo de 90 anos de Meadowfield Court, Hyde, morreu o 22 de maio de 1995 na súa casa tras o tratamento do doutor Harold.

Irene Berry, unha muller de 74 anos de Rufford Avenue, Hyde, foi atopada morta na súa casa o 15 de febreiro de 1998, despois de regresar do tratamento co doutor Harold.

Violet May Bird, unha muller casada de 60 anos de Harehills Road, Hattersley, Hyde, morreu o 13 de maio de 1993 na súa casa durante unha visita do doutor Harold.

Alice Black: esta muller morreu o 18 de decembro de 1997, despois de ser tratada polo doutor Harold.

Geoffrey Bogle, un fotógrafo xubilado de 72 anos de Lord Derby Road, Hyde, morreu o 14 de setembro de 1995 na súa casa tras recibir o tratamento dos seus oídos do doutor Harold.

Edith Brady, a viúva de 72 anos de Bearswood Close, Hyde, morreu o 13 de maio de 1996 en Market Street, Hyde, durante unha cirurxía por falta de alento.

Harold Bramwell, un home de 73 anos de Bryce Street, Hyde con problemas cardíacos, morreu na súa casa o 7 de decembro de 1978, cando o doutor Harold Shipman estaba só con el.

Vera Bramwell, a solteirona de 79 anos de Rufford Avenue, Hyde, morreu na súa casa o 20 de decembro de 1985, en presenza do doutor Harold.

Nancy Anne Brassington: esta muller de 71 anos de Laburnum Avenue, Hyde, morreu na súa casa o 14 de setembro de 1987, aos poucos minutos da visita do doutor Harold.

Doris Bridge, a viúva de 83 anos de Gower Road, Hyde, morreu na súa casa o 26 de marzo de 1984, tras o tratamento do doutor Harold.

Unha muller de 75 anos de Welbeck Road, Hyde, morreu o 16 de decembro de 1986 na súa casa tras ser tratada polo doutor Harold.

A viúva de Carter Place, Hyde, de 74 anos, morreu no seu piso o 8 de novembro de 1995, pouco despois de que o doutor Harold fose chamado para recibir tratamento por unha enfermidade común.

Charles Edward Brocklehurst, un home casado de 90 anos de Park Avenue, Hyde, morreu o 31 de decembro de 1993, na súa casa, pouco despois de que o doutor Harold recibira inxeccións para a saúde cardíaca.

Vera Brocklehurst, a viúva de Dukinfield, Queensway, de 70 anos, morreu na súa casa o 31 de marzo de 1995, tras o tratamento do doutor Harold.

Irene Broder, a viúva de 76 anos de St. John's Drive, Godley, Hyde, morreu na súa casa o 20 de xaneiro de 1997, menos de 45 minutos despois da visita do doutor Harold.

May Brooks, a viúva de 74 anos de Cross Street, Hyde, morreu na súa casa o 1 de febreiro de 1985, cando o doutor Harold chegou para comprobar o seu reumatismo.

Elizabeth Mary Burke, a viúva de Carter Place, Hyde, de 82 anos, morreu o 26 de setembro de 1989 na casa do doutor Harold durante unha visita.

Edith Calverley, a viúva de 77 anos de Mansfield Road, Hyde, foi atopada morta no seu bungalow seguro o 16 de agosto de 1993, tras a visita do doutor Harold.

Annie Campbell: esta muller de 88 anos de Riddle Avenue, Hyde, foi atopada morta na súa casa o 20 de decembro de 1978, durante unha visita do doutor Harold.

Marion Carradis, a viúva de 80 anos de Kensington Street, Hyde, morreu o 14 de agosto de 1989 na súa casa despois de ser tratada por mareos polo doutor Harold.

O doutor Harold fixo dúas visitas ese día á viúva de Irene Chapman, de 74 anos, en Clarendon Road, Hyde, para recibir tratamento xeral. Morreu na súa casa o 7 de marzo de 1998, pouco despois da segunda visita.

Wilfred Chappelle Mr. Chappelle estaba a sentirse mal. O doutor Harold foi chamado para recibir tratamento. O viúvo de 80 anos de Newton Hall Road, Hyde, morreu o 31 de xaneiro de 1989, nunha hora despois da visita do doutor Harold.

Este residente de Ogden Court, Hyde, de 81 anos, morreu na súa casa o 16 de outubro de 1989, tras a visita do doutor Harold.

Albert Cheetham, un viúvo de 85 anos de Brooks Avenue, Hyde, morreu o 1 de abril de 1987 na casa durante unha visita do doutor Harold.

Elsie Cheatham, a viúva de 76 anos de Garden Street, Newton Hyde, morreu dun ataque cardíaco na súa casa o 25 de abril de 1997, mentres o doutor Harold tamén estaba alí presente. O seu marido, Thomas Cheetham, de 78 anos, un traballador téxtil xubilado, tamén morreu na súa casa o 4 de decembro de 1996, durante unha visita do doutor Harold.

Fannie Clark, a viúva de 82 anos de Darwin Street, Newton, morreu o 18 de maio de 1996 na casa do doutor Harold durante unha visita.

Beatrice Helen Cleary: a solteirona de 78 anos de King Edward Road, G Cross, Hyde, morreu na súa casa o 12 de maio de 1989, pouco despois da visita do doutor Harold.

Esta muller de 77 anos da residencia residencial Charley House morreu na súa casa o 12 de marzo de 1987, tras ser atendida polo doutor Harold.

Margaret Ann Conway: a viúva de 69 anos de Mary Street, Dukinfield, mentres era tratada por unha infección no peito polo doutor Harold, morreu na súa casa o 15 de febreiro de 1985, en presenza do doutor Harold.

Ann Cooper, a solteirona de 93 anos de Old Road, Hyde, morreu o 15 de febreiro de 1988 na casa do doutor Harold despois dunha visita.

Erla Copeland, a viúva de Grosvenor Crescent, Hyde, de 79 anos, morreu na súa casa o 11 de xaneiro de 1996, aos 45 minutos despois de que o doutor Harold tomase unha mostra de sangue.

Annie Coulthard, unha muller de 75 anos do lado sur de Hyde, morreu na súa casa o 8 de setembro de 1981, nunha hora despois de que o doutor Harold lle administrou unha inxección.

Mary Coutts, Marler Road, Hyde, morreu na súa casa o 21 de abril de 1997, cando estaba soa co doutor Harold por unha febre.

Hilda Marie Couzens, a viúva de 92 anos de Knott Lane, Hyde, foi atopada morta na súa casa o 24 de febreiro de 1993, tras a visita do doutor Harold.

Eileen Theresa Cox: a viúva de Hunters Court, Dukinfield, de 72 anos, morreu na súa casa o 24 de decembro de 1984, pouco despois da chegada do doutor Harold.

A viúva de Charley House, Albert Road, Hyde, de 75 anos, morreu na súa casa o 2 de xaneiro de 1997, aos 30 segundos dunha inxección do doutor Harold.

Frank Crompton, o viúvo de Notch Lane, Hyde, de 86 anos, morreu por mor da inxección letal do doutor Harold durante unha visita non convidada do 24 ao 26 de marzo de 1995.

John Crompton, un viúvo de 82 anos de Gloucester Road, G Cross, Hyde, morreu o 21 de marzo de 1995 na casa do doutor Harold pouco despois da súa visita.

Lily Crossley, a viúva de 73 anos de Longfield Way, Todmorden, morreu na súa casa o 21 de xaneiro de 1975, pouco despois da visita do doutor Harold.

Lillian Cullen, a viúva de 77 anos de Foxholes Road, Hyde, foi atopada morta na súa casa o 30 de maio de 1996, tras a visita do doutor Harold.

Valerie Cuthbert, a viúva de Daisy Banks, G. Cross, Hyde, de 54 anos, morreu na súa casa o 29 de maio de 1996, pouco despois da visita do doutor Harold para o tratamento de juanete.

Unha muller de 68 anos de Cheetham Fold Road, Hyde, morreu na súa casa o 4 de agosto de 1979, unha hora despois da visita do doutor Harold e dunha inxección.

Joel Edwina Dean-Joel Lane, a viúva de G. Cross, Hyde, de 75 anos, morreu na súa casa o 27 de febreiro de 1998.

Do mesmo xeito, Angela Philomena Tierney, Amy Whitehead e Emily Morgan Edith Wiberley, Edith Roberts, Edith Scott, Enid Otter, Alice Kennedy, Alice Marie Jones, Alice Christine Kitchen, Elizabeth Ann Rogers, Elizabeth Ellen Mailer, Elizabeth Fletcher, Elizabeth Sigley, Elizabeth Pearce, Edwin Foulkes, Ada Hilton, Ada Warburton, Edna May Llewellyn, Alice Prestwich, Muriel Margaret Ward, Muriel

Grimshaw, Mabel Shawcross, MaryEmma Hammer, Mary Alice Smith, Peter Lewis, Pamela Hillier, Percy Ward, Robert Hixon, Robert Henry Lingard, Ronnie Davenport, Rose Garlick, Renee Lacey, Renette Aldtraud Overton, Sarah Hannah Marsland, Sarah Jane Williamson, Samuel Mills, Samuel Harrison, Selina Mackenzie, Doris Earles, Dorothea Hill Renwick, Dorothy Fletcher, Dorothy Rowworth, Dorothy Tucker, Dorothy Long, Deborah Middleton , David Harrison, David Jones, Violet Hadfield, Walter Tingle, Walter Mansfield, Vera Whittingslow, Charles McConnell, Charles Henry Killeen, Fanny Nichols, George Edgar Visor Josephine Hall, Joseph Vincent Everall, Joseph Wilcoxon, Joseph Leigh, Joseph Evanina, Joan May Melia, Joan Harding, Jack Shelmerdine, James Joseph King, Jane Rowland, Jane Shelmardine, Jane Jones, Jenfrances Rostron, Nora Nuttall, Nancy Jackson, Nelly Mullen, Tom Balfour Russell, Irene Heathcote, Irene Turner, Ivy Lomas, Arthur Henderson Stopford, Gladys Robert, nin por tratamento nin por tratamento.

O crime do doutor Harold foi exposto tras a morte dunha muller de 81 anos o 24 de xuño de 1998. Con todo, a policía tiña probas de só 15 asasinatos contra Harold, polo que foi condenado a cadea perpetua no ano 2000. Pero Harold cometeu suicidouse aforcándose no cárcere o 13 de xaneiro de 2004, é dicir, no seu 58 aniversario.

Harold xa planeara o seu suicidio dúas semanas antes cando a súa muller veu visitalo no cárcere. Dise que Harold se suicidou para que a súa esposa, Primers, recibise 100.000 libras da súa pensión.

22. Albert Fish (Estados Unidos)

A índa que comer humanos matándoos parece ser cousa do pasado, algúns casos deste tipo seguen chamando a atención do país e do mundo, dos que parece que aínda existen humanos caníbales.

Esta historia trata dun home caníbal tan cruel, Albert Fish, que atopaba un pracer especial en torturar nenos. Violar nenos e comer a súa carne era un dos seus hábitos. Fish era unha persoa con discapacidade mental.

Albert Fish tamén era coñecido como o Home Gris, o Home Lobo de Wisteria e o Vampiro de Brooklyn. Foi acusado de abusar de máis de 100 nenos. A pesar diso, confesou só cometer tres asasinatos.

Albert ten unha longa historia de enfermidade mental. Os seus pais abandonárono a unha idade temperá, e creceu nun orfanato. "Vivín alí aproximadamente nove anos e vin rapaces facendo moitas cousas que non deberían facer", dixo Fish ao ser preguntado polo orfanato.

Hamilton Howard "Albert" Fish era coñecido como un dos pederastas, asasinos en serie de nenos e caníbales máis perigosos de todos os tempos. Fish era un home pequeno e de aspecto amable que parecía fiable e agradable. Pero o demo que tiña dentro era tan pervertido e cruel que os seus crimes parecían incribles.

Hamilton Howard Fish naceu en Washington o 19 de maio de 1870, fillos de Randall e Ellen Fish. Os seus antepasados teñen unha longa historia de enfermidade mental na súa familia. O seu tío tiña unha enfermidade maníaca e o seu irmán tiña ataques de demencia. A súa irmá foi diagnosticada con "dor mental". A súa nai tiña alucinacións visuais. Atopáronse tres familiares máis que padecían enfermidades mentais.

Segundo Fish, no ano 1890, iniciou crimes contra nenos en Nova York. Polo diñeiro, traballou como prostituto. Atracou aos nenos das súas casas, torturounos de moitas maneiras e despois violounos. A medida que pasaba o tempo, as súas fantasías sexuais cos nenos facíanse cada vez máis violentas e estrañas, chegando a miúdo ao seu asasinato e canibalismo.

Aínda que Fish tiña cometido varios delitos sexuais nese momento, unha vez foi encarcerado por malversación. Mesmo cando estaba encarcerado, tiña interaccións físicas regulares cos condenados. Fish traballou como pintor de casas antes de ingresar en prisión en 1889 e finalmente confesou violar polo menos a 100 mozos menores de seis anos. Aínda que lle gustaban máis os homes, tamén acudía aos prostíbulos e pedíalle ás prostitutas que o golpeasen.

Casou no ano 1898 e foi pai de seis fillos. Os nenos viviron unha vida media ata 1917, cando a muller de Fish fuxiu con outro home. Despois diso, a ferocidade dos peixes aumentou aínda máis. Comezou a depredarse dos nenos afroamericanos máis que dos caucásicos. Confiaba en que a policía pasaría menos tempo buscando aos asasinos destes nenos.

Cando Albert Fish coñeceu a Edward Budd, de 18 anos, en maio de 1928, buscando traballo a tempo parcial, aseguroulle un traballo. Albert Fish atopara a súa nova vítima. Mentres tanto, os ollos de Fish caeron sobre a súa irmá pequena, Gracie Budd, que só tiña 10 anos.

Mentres tanto, Albert gañou a fe dos membros da familia de Edward Budd co seu comportamento amable e cortés e tamén fixo amizade con eles.

Unha noite, pediu permiso aos seus pais para levar a Gracie á festa de aniversario da súa sobriña. Cun home maior, sen dúbida, permitiuno feliz.

Emocionada por marchar á festa, Gracie puxo roupa nova e marchou con ela. Desde ese día, Gracie nunca volveu a casa. Ninguén a viu viva. Ninguén puido saber nunca o que lle pasou.

A investigación sobre a desaparición de Grace durou seis anos. O 11 de novembro de 1934, os pais de Gracie recibiron unha carta anónima, que faría tremer a calquera persoa normal despois de lela. Esa carta foi escrita polo propio Albert, na que representaba a crueldade feita con Gracie.

Nel estaba escrito que "No ano 1894, un amigo meu, John Davis, levoume unha vez a Hong Kong. Alí viu unha cousa nova. Alí atopouse todo tipo de carne humana. Foi unha experiencia nova para el. ver un mercado tan aberto para a carne humana.

O seu amigo John Davis díxolle que cando viu o mercado aberto de carne humana aquí, quería experimentalo do mesmo xeito. Para iso, fixo un plan e, ao seu regreso a Nova York, trouxo consigo dous rapaces, cuxas idades eran de 7 e 11 anos, respectivamente.

Para degustar a súa carne, primeiro quitoulles toda a roupa e púxoas espidas. Como vira en Hong Kong, adoitaba golpear e torturar aos dous rapaces diariamente para que a súa carne sabía mellor. Ademais, isto mantería a súa carne delicada.

Agora tocoulle cazar, así que antes de nada escolleu un neno de 11 anos porque tiña as cadeiras moi grandes; tería feito máis carne. Despois diso, tamén matou ao neno e probou a súa carne.

Cando John Davis me narrou este incidente, eu tamén tiven a tentación de comer carne humana. Mentres tanto, vin a Gracie e sentín que o meu soño estaba a piques de facerse realidade. Para iso fixen un gran plan.

Segundo o plan, mentínvos que a miña sobriña ten unha festa de aniversario á que quero levar a Gracie. Ese día, levei a Gracie a unha casa illada, onde a fixen sentar noutro cuarto, quiteime toda a roupa e chameina espida para o meu cuarto.

Cando me viu espido, ela fuxiu chorando. Despois collína e tamén a espida. Despois de tentalo durante moito tempo, ela pasou baixo o meu control, e durmína ata morrer estrangulandoa.

Despois, despois diso, cortéille o corpo en anacos pequenos e cocínos e comínos. Gustoume moito e comino despois de degustalo durante 9 días. Aínda que nunca tiven relacións con ela.

Pódese pensar que despois de ler tal carta, cal será a condición de calquera pai? Os pais temblorosos acudiron á policía con esa carta, e entón a policía iniciou unha investigación.

Rastreando a carta, a policía finalmente chegou ao flophouse onde estaba Fish. Fish é arrestado e inmediatamente confesa que matou a Grace e aos demais nenos. Fish explicou as torturas e os asasinatos cun sorriso.

O 11 de marzo de 1935 comezou o xuízo de Fish, e el pediu a súa liberación alegando que estaba tolo. Dixo que había voces na súa cabeza que lle dicían que matase nenos e cometese outros crimes horribles.

Varios psiquiatras declararon a Fish tolo; o xurado considerouno san e culpable tras un xuízo de 10 días, e o 16 de xaneiro de 1936, Albert foi condenado a morte por corrente eléctrica.

23. Robert John Maudsley (Reino Unido)

Esta é a historia dun temido delincuente que, desde que pasou tras as reixas, está encerrado nunha cela de vidro empotrada no chan. A administración do cárcere dixo que agora só o seu cadáver sairá do cárcere.

Tanto é así que comeu o cerebro a unha das súas vítimas. Maudsley levou a cabo a maioría dos asasinatos dentro da prisión. Era tan vicioso que xogaba a cegas coa lei.

Robert John Maudsley foi un asasino en serie inglés. Maudsley matou catro persoas, tres das cales estaban en prisión mentres cumprían cadea perpetua por asasinato. Algunhas noticias dixeron que comeu parte do cerebro dun dos mortos no cárcere, o que lle valeu o alcume de "Aníbal o caníbal" na prensa británica e "The Brain Eater" entre os diferentes detidos.

Maudsley comezou a traballar como traballadora sexual a finais da década de 1960. Era adicto ás drogas, para o que necesitaba cartos. Estaba rodeado de psicose. Tamén mostrou moitos médicos. Dixo que adoitaba escoitar voces que lle dicían que matase aos seus pais. Foi durante a súa adicción ás drogas cando cometeu o primeiro asasinato.

Maudsley matou a John Farrell en 1974 en Wood Green, Londres. Afirmou que Farrell lle mostrou algunhas imaxes nas que estaba abusando sexualmente de nenos. Despois do asasinato, entregouse á policía. Díxolle á policía que era un psicópata. O xulgado enviouno ao hospital de Broadmoor, por considerar que era un psicópata. Alí, o seu compañeiro de cela era David Cheeseman. David e Maudsley encerran na súa cela a outro prisioneiro chamado David Francis. A cela permaneceu pechada por dentro durante nove horas. A policía fixo todo o posible para abrir a cela. Durante isto, torturou a Francisco ata que foi condenado á morte. Francis estaba en prisión por abusar sexualmente de nenos. O asasinato foi tan espantoso que o tribunal condenouno a cadea perpetua. Tamén se lle indicou que non sairía do cárcere en liberdade condicional nin de ningún outro xeito. En 1978, Maudsley executou a dous presos máis na prisión de Wakefield. Dous asasinatos nun día tamén no cárcere. Chamou á súa cela a un home chamado Shalini Norwood, que cumpría condena polo asasinato da súa muller. Alí foi estrangulado primeiro, despois decapitado cun coitelo. Despois diso, atopou outra vítima. En "The Wing", asasina brutalmente a Bill Roberts. Despois de cometer os dous asasinatos, deu a volta e atendeuse ao garda, dicíndolle que conseguiría dous prisioneiros menos no reconto da noite.

En 1983, tendo en conta os asasinatos, considerouse demasiado perigoso para unha cela normal. Debido ao historial de crimes de Maudsley, polo menos catro oficiais de prisións estaban estacionados fóra da súa cela para vixiarlo. As autoridades do cárcere construíron unha unidade de dúas celas na adega da prisión de Wakefield. É unha cela un pouco máis grande, cunha media de aproximadamente 5,5 por 4,5 metros (18 por 15 pés). Ten grandes ventás antibalas polas que se pode ver. Na súa cela só hai unha mesa e unha cadeira, ambas de cartón comprimido. O inodoro e o lavabo están pegados ao chan, mentres que hai unha lousa de formigón para a cama. Unha entrada de aceiro forte ábrese nun pequeno recinto dentro da cela, encerrado en táboas de acrílico grosas e sinxelas. Baixo iso, hai un pequeno oco dende onde os funcionarios lle dan comida e cousas diferentes.

Maudsley sae da súa cela todos os días durante unha hora. Seis axentes do cárcere están estacionados ao seu redor durante este tempo. Non está autorizado a ter contacto con ningún outro detido. Na actualidade, a idade de Maudsley ronda os 69 anos. Rexeitando cada un dos chamamentos de Robert Maudsley, indícaselle que permaneza na súa cela de vidro subterránea ata o seu último alento.

Robert Maudsley foi un dos 12 fillos dos seus pais. Naceu o 26 de xuño de 1953 en Speake, Liverpool. Maudsley pasou os seus anos de formación nun orfanato católico en Crosby. Cando tiña oito anos, os seus pais trouxérono de volta do orfanato. Maudsley di que foi maltratado fisicamente día e noite. Cando o servizo de seguridade se enterou, estaba esnaquizado por dentro. Asegurou que tamén sufriu abusos sexuais cando era neno e que as feridas aínda estaban no seu corazón e na mente. Os psicólogos din que os asasinatos de Robert reflicten o mesmo.

24. Mikhail Popkov (Rusia)

Mikhail Popkov é chamado o peor asasino en serie de Rusia. Non é menos que un canalla. A alma treme ao escoitar o seu nome. Este vilán foi o responsable da morte de máis de duascentas mulleres. Mikhail Popkov é o primeiro criminal ruso en cumprir unha dobre cadea perpetua.

Popkov foi xulgado dúas veces por violación e asasinato de mulleres de 18 a 50 anos. Popkov matou a maioría das mulleres entre 1992 e 2010. Este asasino en serie malvado matou a moitas mulleres inocentes sen piedade. Mikhail adoitaba torturar ás mulleres durante horas antes de matalas con armas como un machado, martelos e un coitelo afiado.

O cínico asasino, de 57 anos, incluso admitiu matar a unha muller nun espantoso vídeo que colleu da rúa Karl Marx. Neste vídeo móstrase o lugar do bosque onde matou á muller tras violala. Popkov dixo que obrigou á muller a manter relacións sexuais polo que ambos tiveron unha pelexa e que matou a muller con rabia.

Mikhail Popkov adoitaba traballar para a policía e facía sentar no seu coche a mulleres fermosas co pretexto de darlle un ascensor. Sendo un coche de policía e un policía, a muller non se negou. Ao principio, Mikhail adoitaba ser amable falando docemente, pero en canto as mulleres comezaban a falar con el un pouco, adoitaba levalas á súa casa baleira.

Durante a vista do seu caso, admitiu que adoitaba levar a esas mulleres á súa casa, violalas e matalas. Cando o tribunal preguntou a Mikhail o motivo do seu asasinato, dixo: "Limpei a terra da cidade". Estas mulleres foron castigadas polo seu comportamento inmoral, e eu non teño remorso.

A policía tamén vira os cadáveres daquelas mulleres, e entón chamou ao culpable Mikhail "home lobo". Un "home lobo" é un lobo en forma de humano. Este asasino en serie de 57 anos continuou levando a cabo este tipo de incidentes na súa cidade natal de Angarsk durante case dúas décadas. Ninguén se decatou. Desde que era policía, ninguén sequera sospeitaba del. Por primeira vez no ano 2015, a policía detivo a este asasino en serie.

Foi condenado a cadea perpetua polos asasinatos de vinte e dúas mulleres polo xulgado. Este castigo foi polo delito que cometera entre 1992 e 2010. Posteriormente comprobouse que este asasino era tan listo que, despois de matar as mulleres, adoitaba tirar os cadáveres aos bosques. Máis tarde, viría a investigar. Así que adoitaba ocultar o asunto ao seu xeito. Tamén matara un home e un policía.

Mikhail Popkov quedou baixo custodia policial o 23 de xuño de 2012, dun xeito moi dramático. As súas vítimas eran prostitutas ou doncelas borrachas, ás que Popkov consideraba inmorales. Adoitaba mutilar os cadáveres con ferramentas como coitelos, machados, bates de béisbol e desaparafusadores. A policía rusa foi rápida na procura deste criminal. A pesar dos amplos interrogatorios e testemuños das vítimas supervivientes, Popkov evadiu a policía durante dúas décadas.

A policía identificou a unha muller como o asasino polas marcas de pneumáticos do seu coche preto do seu corpo. Despois fíxoselle a proba de ADN. Unha proba de ADN revelou que era o asasino desa muller. Unha vez que foi capturado pola policía, revelou todos os segredos dos seus crimes un por un.

Dise que Mikhail Popkov sospeitaba que a súa muller tiña unha relación inmoral con outro home. Por iso, meteuse no mundo deste tipo de delitos.

Este asasino en serie confesou matar a 84 mulleres, non unha nin dúas. Fixo estes asasinatos coa axuda de martelos e desaparafusadores. Rexeitou darlle á policía o número total de vítimas despois de que se probase a súa acusación de matar a 81 mulleres.

En 2015, Popkov foi condenado por matar a 22 mulleres, pero máis tarde confesou 59 asasinatos máis, incluído o asasinato dun policía. Non obstante, a policía non puido atopar probas de tres destes asasinatos. Popkov informou de que usou machados, martelos, coitelos, desaparafusadores e palas para cometer os asasinatos.

Nacido o 7 de marzo de 1964 en Angarsk, Rusia, Mikhail Popkov foi condenado a unha dobre cadea perpetua, pero quería ser executado por aforcamento.

25. Rodney Alcala (Estados Unidos)

O método de matar a Rodney Alcala, un dos asasinos en serie máis perigosos de Estados Unidos, era tan arrepiante que un quedaría impresionado despois de lelo. Tamén adoitaba violar mozas antes de cometer o asasinato. Moitas das súas vítimas eran alumnas.

Tamén era coñecido como o "Dating Game Killer" porque apareceu en 1978 como concursante no programa de televisión "The Dating Game".

En 1977, o nome de Alcalá relacionouse por primeira vez co asasinato dunha muller de 28 anos. Fíxose unha proba de ADN nos ósos da muller, que foron atopados no suroeste de Wyoming. Esta muller estaba embarazada de 6 meses. Cóntase que Alcalá perseguía ás mulleres e despois, despois de matalas, gardaba os seus pendentes como recordo.

Rodney Alcala, de 66 anos, é considerado o asasino en serie máis perigoso de Estados Unidos. É fotógrafo de profesión. Segundo a policía, Rodney matou ao redor de 130 nenas e mulleres. A policía atopou imaxes destas mozas na casa de Rodney. Todos eles levaban moitos anos desaparecidos.

Era un psicópata moi intelixente e aterrador. Escolleu vítimas que van desde mozas ata mulleres casadas. Primeiro coñece á nena e despois a atrae para que se fotografe, converténdoa en modelo. As nenas caerían facilmente na súa trampa por falta de glamour e diñeiro. E despois diso, comeza o perigoso xogo das viaxes por estrada. Fai fotos obscenas de nenas. Máis tarde, intenta manter unha relación física con ela. Violaba ás nenas que non estaban preparadas para iso.

Se isto non o satisfaga, estrangulaba a estas nenas e deixábaas cando comezasen a desmaiarse. Ao salpicar auga na cara da nena ou doutro xeito, el facíalle entrar en razón. Cando a nena volveu recuperar a consciencia, o asasino volveríaa estrangulara. Deste xeito, mataría á súa vítima atormentándoa.

Segundo os investigadores, Rodney era un psicópata. Segundo os psicólogos, Rodney adoitaba gozar vendo as nenas sufrir así. Pensábase que o asasino era un xenio, cun coeficiente intelectual de 160, segundo os psicólogos.

Tamén foi o gañador do famoso reality show de televisión de Estados Unidos, "The Blind Date". Pero a moza que escolleu a Rodney para ter unha cita neste programa de xogos cancelou esa data máis tarde. Segundo ela, cando falaba con Rodney, sentíase moi asustada e estraña.

As imaxes espidas de moitas nenas foron recuperadas do armario de Rodney. As súas vítimas foron desde alumnas ata mulleres duns 40 anos. Todas estas fotografías foron tomadas entre 1977 e 1979. Rodney tomou fotografías de varias mulleres despois de que fosen asasinadas. Segundo a policía, dirixiuse a moitas mulleres en Nova York, Washington e Los Ángeles, así como fóra dos Estados Unidos.

Rodney foi un fotógrafo moi famoso en América. Tiña un gran estudo. Mirando a Rodney, non se podía adiviñar que as súas intencións eran tan perigosas e salvaxes. Xa cumpriu unha condena de tres anos por violar a unha nena de 8 anos duns 70 antes de ser detido por estes asasinatos.

Aínda que Alcalá foi condenado por cinco asasinatos, as autoridades cren que matou a máis de 130 persoas.

Foi condenado a morte por primeira vez en 1980 polo secuestro e asasinato de Robin Samso, de 12 anos, pero a súa condena foi anulada polo Tribunal Supremo de California. En 1986, foi condenado a morte de novo, pero esa condena foi revertida en 2003 por un tribunal federal de apelacións.

Máis tarde foi condenado no ano 2010. Pero cando estaba a ser condenado, aínda naquel momento, este asasino ría. Nin sequera tiña un pliegue na cella. Rodney riu e riu durante o xuízo e tamén continuou falando co seu avogado.

En 2013, foi condenado a outros 25 anos de prisión tras ser declarado culpable de dous asasinatos máis. Morreu por causas naturais aos 77 anos nun hospital do val de San Joaquín de California mentres cumpría condena.

26. Behram (India)

O nome do asasino en serie indio "Behram" está rexistrado no Guinness Book of World Records. Este asasino despiadado da India matou a máis de 900 persoas sen arma nin coitelo.

Un asasino tan despiadado cuxo goberno continuou intimidando ata aos británicos que acuñaron o seu nome durante 50 anos. Moitas lendas saíron á palestra sobre este asasino en serie, pero dise que no século XIX, o seu nome foi suficiente para crear medo no corazón das persoas.

Behram tamén goza do status de Rei dos Tramposos. En comparación con todos os asasinos en serie que figuran na lista de criminais de todo o mundo, o pánico que ocorreu en nome de Behram non se viu nin antes nin despois. Este medo pasou en nome de calquera. Behram tamén se chama Cheater Behram, e está escrito nos libros que Behram usaba para matar á súa vítima dun xeito moi único. A súa historia de salvaxismo non só se ensina nos libros de historia senón que aínda hoxe, a xente queda conmocionada ao escoitar as historias dos seus crimes.

Nacido no ano 1765 en Jabalpur (daquela India central) en Madhya Pradesh, a vida de Behram foi moi sinxela na súa infancia. Pero fíxose amigo de Syed Amir Ali, 25 anos maior ca el, que adoitaba ser o traidor máis perigoso e temido da súa época. O mesmo Amir Ali introduciu a Behram no perigoso mundo dos tramposos. Unha vez no mundo dos tramposos, Behram nunca mirou atrás, e pronto converteuse no xefe dos tramposos. Cando Behram entrou no mundo dos tramposos, tiña 25 anos nese momento, pero durante os seguintes dez anos, matou a tanta xente que o medo ao seu nome estendeuse por todas partes.

Naqueles tempos, por suposto, os medios para desprazarse e levar as noticias aquí e alí eran poucos, pero non tardaron moito en chegar as fazañas de Behram.

Os comerciantes, turistas, peregrinos e mesmo policías e oficiais do exército que viaxaban desde Delhi a Jhansi, Gwalior, Jabalpur e Bhopal, así como Calcuta, víronse obrigados a evitar certas estradas.

O informe dos oficiais británicos daquela época revela que a xente adoitaba viaxar en convois e caravanas nesa época, pero o Cheater Behram e os seus compañeiros facían desaparecer todo o convoi. Nin sequera os policías puideron localizar o cadáver de ninguén. Dise que Behram formara un grupo duns douscentos tramposos, que estaban espallados por toda a India central. Mesmo chega a dicir que quen quede atrapado nas gadoupas desta banda terá dificultade, cando non imposible, salvar os seus bens e vidas.

Na época na que gobernaba o crime de Cheater Behram, a Compañía das Indias Orientais tamén estaba espallando os seus pés na India. Segundo un rexistro dado por un funcionario inglés da Compañía das Indias Orientais, Behram matou 931 persoas en vida. A súa forma única de matar foi impactante. Antes tiña unha moeda e un pano amarelo. Adoitaba estrangular ás súas vítimas introducindo cada vez o idéntico centavo no pano.

Por unha banda, co aumento do terror de Cheater Behram e a súa banda, por outra banda, e co dominio británico en Inglaterra, aumentaba o pánico entre os oficiais da Compañía das Indias Orientais. Segundo o informe dun oficial inglés, antes do ano 1822, todos os oficiais británicos enviados para informarse sobre o tramposo Behram foron asasinados por Behram. O goberno británico enviou entón ao seu oficial máis astuto, o capitán Williams Henry Sleeman, á India.

No ano 1822, o capitán Williams Henry Sleeman foi nomeado maxistrado do distrito de Narsinghpur, no centro da India. Sleeman vagou de cidade en cidade e de bosque en bosque para descubrir a banda de tramposos, pero non puido ter éxito. Entón, a Compañía das Indias Orientais publicou a Lord Williams Bentinck como gobernador xeral da India. A intención de Lord Bentinck era clara: izar a bandeira do Imperio Británico por toda a India. Pero diante del, estaba o obstáculo máis grande, chamado Cheater Behram, polo que tamén tiñan medo os oficiais británicos. Entón Lord Bentinck deulle a Sleeman plena liberdade, xunto cun destacamento do exército, para que tamén puidese ser protexido.

Pronto, o capitán Sleeman estendeu a súa rede de informantes, peneirando a auga, e pronto atopou o paradoiro do Tramposo Syed Amir Ali, o mestre de Behram. O exército británico chegou inmediatamente á casa de Amir Ali para saqueala, pero Amir Ali esvarou da súa man e fuxiu. Entón, os oficiais británicos detiveron aos membros da familia de Amir Ali.

Despois de meses de loita, finalmente, no ano 1832, Amir Ali entregouse ao exército británico para salvar á súa familia. Pero o capitán Sleeman quería saber o enderezo de Cheater Behram en lugar de Amir Ali, así que o capitán Slimane abriu a boca a Amir Ali cos seus trucos e conseguiu o enderezo de Cheater Behram.

Cinco anos despois de coñecer o tramposo Behram de Amir Ali, un día do ano 1838, o destino de Behram levouno diante do capitán Sleeman e do informante de Amir Ali, que o atraparon nas garras do dominio británico. Segundo o diario do oficial británico, Behram tiña máis de 75 anos no momento en que o capturou o exército británico.

Durante os dous anos seguintes, o xuízo de Cheater Behram celebrouse nun tribunal británico. E no ano 1840, Behram foi aforcado abertamente nunha árbore en Salimabad, preto de Katni. 40 tramposos máis foron aforcados con el. Mentres algúns dos tramposos se axeonllaban diante dos oficiais británicos, foron enviados ao correccional.

O informe do capitán Sleeman revela que había 200 tramposos na banda de Behram que eran asasinos. E estas persoas adoitaban executar o asasinato dun só xeito. Adoitaban estrangular a gorxa da vítima poñendo a moeda no pano e, despois, esta xente botaba o cadáver aos pozos. O número total de asasinatos rexistrados nos diarios británicos ascende agora a 931, pero cómpre sinalar que quizais non sexa a conta final. Os oficiais británicos tamén escribiron nos seus diarios que esta banda debeu matar máis xente que esta.

A investigación do capitán Sleeman tamén revela que Behram Cheaters e a súa banda adoitaban falar nun idioma especial que ninguén podía entender. Mesmo os espías dos británicos se esforzaron por entender esa lingua, pero non puideron descifrala.

Na lingua dos Tramposos, esa lingua chamábase Ramos. Era unha especie de lingua de signos que usaban para informarse mutuamente sobre as súas vítimas, a súa posición, as súas fortalezas, as cousas que tiñan e o seu entorno.

Esta banda de tramposos uniuse a miúdo como pasaxeiros no convoi que foi roubado, mentres que o resto da súa banda seguía camiñando a certa distancia. Pero cando a xente do convoi adormecía pola noite, os Tramposos sinalaban o ataque con berros de chacales. En caso de ataque simultáneo, facíase imposible defender preto do convoi, e estas persoas adoitaban estrangular a xente coa axuda dos seus panos e moedas amarelas.

Durante o xuízo no tribunal británico, o propio Cheater Behram dixo que matou coas súas propias mans a máis de 150 persoas. Ensinara á súa banda a matar xente sen armas.

27. Gary Ridgway (Estados Unidos)

D ebes ter oído falar de moitos misterios de asasinatos no mundo, pero quedarás abraiado ao escoitar a historia que che imos contar hoxe. Un mozo que rematou os seus estudos e comezou a traballar no exército e que casou coa súa moza. Pero aos poucos, como se converteu esta modesta persoa nun asasino en serie? A súa historia é sorprendente. Durante anos gardou un bo veo sobre os seus negros feitos, pero dise que por moi intelixente que sexa o asasino, as mans da policía chegarán a el. Esta é a historia de Gary Ridgway, un residente de América. Gary cometeu máis de 70 asasinatos, non só 2-4. De onde xurdiu a idea do asasinato na mente de Gary? Como foi que Gary camiñou directamente do exército camiño da prisión? Como a crecente proximidade a unha traballadora sexual converteu a Gary nun asasino en serie

Gary Ridgway naceu en Salt Lake City, Utah, o 18 de febreiro de 1949. Despois de rematar a escola aos 18 anos, Gary comezou a traballar no exército. En canto se formou, casou coa súa moza.

Mentres servía no exército, Gary comezou a ter relacións con traballadoras sexuais. Debido a este mal costume, Gary tivo que escoitar varias veces reprimendas das autoridades. Aínda despois de todo isto, os hábitos de Gary non melloraron. Entón, por mor deste hábito, foi despedido do exército.

Despois de perder o seu traballo no exército, Gary Ridley volveu á súa casa e empezou a pintar. Pero, de súpeto, ninguén sabe como lle chegou á mente a pantasma do asasinato a Gary. Gary está decidido a asasinar persoas e comeza a traballar na súa malvada idea. Entre 1982 e 1998, Gary fixo vítimas de máis de 50 mulleres. Despois de matalos, Gary arroxou os corpos destas mulleres ao río Green, no condado de King.

O 15 de xullo de 1982, o corpo de Wendy Lee Cofield, de 16 anos, de Puyallup, condado de Pierce, Washington, foi atopado no río Green, ao sur de Seattle.

O 12 de agosto de 1982, o corpo de Debra Bonner, de 23 anos, foi atopado en Green River. Do 13 ao 15 de agosto de 1982, os cadáveres de Cynthia Hinds, de 17 anos, Opal Mills, de 16 anos, e Marcia Chapman, de 31, foron atopados no río Green ou preto do río. Cando se atoparon tantos cadáveres xuntos, os policías quedaron abraiados. O 16 de agosto de 1982, a policía do condado de King estableceu a Task Force sobre os asasinatos. O 27 de abril de 1983, atopar ao Green River Killer converteuse no único obxectivo da policía do país. Estímase que a investigación custaba 2 millóns de dólares en 1983.

O 30 de abril de 1983, unha moza de 18 anos chamada Mary M. Malver desapareceu. Sospeitando dun secuestro, o seu mozo perseguiu a camioneta. O propietario da camioneta resultou ser Ridgway. Cando Ridgway foi interrogado pola policía de Des Moines, negou calquera contacto con Malver. Gary tamén pasou a proba do polígrafo.

O 3 de maio de 1983, Carol Christensen, de 21 anos, desapareceu na Pacific Highway S, ao sur de Seattle. O seu cadáver foi atopado cinco días despois no bosque de Maple Valley, ao sueste de Seattle.

O 20 de novembro de 1983, a policía dixo nun comunicado que o mesmo asasino matara a 11 mozas no sur do condado de King desde o verán de 1982. O 2 de abril de 1984 atopáronse cinco esqueletos máis, co que o número oficial de vítimas ascendeu a 20. .

O 20 de abril de 1984 atopáronse dous esqueletos máis, incluídos os restos de Amina Agisheff, de 36 anos, atopados preto de North Bend. O número de mortos ascendeu a 42 o 9 de decembro de 1984. Deles identificáronse 28 cadáveres e outras 14 mulleres estaban desaparecidas.

O 8 de abril de 1987, a policía realizou unha busca exhaustiva da casa Kent de Ridgway e dos vehículos. Dúas testemuñas dixeron que o viron con polo menos dúas vítimas, que se suman ao número de vítimas. A policía tomou mostras de Ridgway, pero non había probas suficientes para arrestalo. O 30 de maio de 1988 atopáronse en Federal Way os restos dunha moza de 15 anos, Debra Estes. Foi vista con vida por última vez o 20 de setembro de 1982. O 20 de setembro de 1990, o cadáver dunha muller chamada Marta Reeves foi atopado ao longo da estrada 410 preto de Enumclaw, ao sueste de Seattle.

O 6 de agosto de 1998, o equipo de busca atopou o corpo de Patricia Ann Yellow Robb, de Seattle, de 38 anos, enterrado baixo os cascallos. O certificado de defunción dicía que morreu por unha sobredose accidental de drogas e alcol, pero os investigadores dixeron máis tarde aos familiares que era unha das vítimas do asasino de Green River.

O 2 de novembro de 1999 utilizouse un novo proceso de ADN para identificar os restos atopados preto do río Green. Isto levou ao descubrimento de restos en 1986, identificados como os de Tracy Ann Winston, de 19 anos, que foi vista por última vez preto de Northgate en Seattle en 1983.

Durante o interrogatorio policial, Gary admitiu ter relacións con algunhas mulleres, na súa maioría traballadoras sexuais. Despois diso, a policía tivo que buscar o ADN de Gary Ridgway. A investigadora do Laboratorio de Crime da Patrulla do Estado de Washington, Beverly Himick, implicada no caso, dixo que os cadáveres atopados no río Green eran a última forma de atrapar ao asasino.

Cando chegou o informe da proba de ADN, os cadáveres estaban amoreados. Despois diso, o asasino foi revelado diante de todos. Despois de obter probas da situación, Gary pasou a ser coñecido como o asasino de Green River. O 30 de novembro de 2001, Ridgway foi arrestado acusado de catro asasinatos. Descubriuse que o seu ADN estaba relacionado co de tres vítimas.

O 5 de decembro de 2001, Ridgway foi acusado dos asasinatos de Marcia Chapman, Cynthia Hinds, Opal Mills e Carol Christensen. Ridgway negou todas as acusacións. O 27 de marzo de 2003 presentáronse tres cargos máis contra Ridgway pola morte de Wendy Lee Cofield, Debra Estes e Debra Bonner. Volveu negar as acusacións. Ridgway negociou coa policía o 13 de xuño de 2003 para evitar a pena de morte e axudar aos investigadores a resolver os casos de Green River o mellor posible.

O 16 de agosto de 2003, un equipo que buscaba nunha zona boscosa ao leste de Enumclaw no condado de King, Washington, atopou os restos de Pammie Avent, unha moza de Seattle de 16 anos que desaparecera en outubro de 1983. Un equipo de busca atopou ósos humanos en unha zona boscosa en Kent o 21 e o 23 de agosto de 2003.

Entre o 30 de agosto e o 2 de setembro de 2003, un equipo de busca atopou os restos dunha moza de 17 anos, April Don Buttram, que foi vista por última vez en 1983 na zona próxima a Snoqualmie, no condado de King, Washington. Un equipo de busca de zonas salvaxes descubriu os restos de Mary M. Malver, de 18 anos, desaparecida o 30 de abril de 1983.

O 5 de novembro de 2003, Ridgway foi condenado por 49 delitos de delito grave en primeiro grao. Por certo, admitira que matou a máis de 70 mulleres. De feito, a pesar das incontables confesións deste tipo, a policía recolleu probas de só 49 asasinatos e o tribunal condenou ao verdugo, Gary Ridgway, a 48 cadeas perpetuas consecutivas o 18 de decembro de 2003.

28. Javed Iqbal (Paquistán)

Esta é a historia dun asasino en serie cuxa crueldade fixo tremer ata o corazón do xuíz. O xuíz non sabe cantos criminais perigosos debeu ver diante dos seus ollos. Eses culpables tamén serían severamente castigados. Pero cando se escoitou o caso deste asasino en serie, enfadado, o xuíz pronunciou tal sentenza que o mundo quedou abraiado. Este castigo comeza a ser discutido en todo o mundo.

O xuíz tamén anunciou o castigo do asasino en serie que matou brutalmente a 100 nenos tras violalos da mesma forma espantosa. O tribunal dixo na súa decisión que debido á forma en que Javed asasinou brutalmente a 100 nenos por estrangulamento, debería ser condenado a morte do mesmo xeito. Do mesmo xeito, debería ser brutalmente estrangulado 100 veces. Adoitaba asfixiar aos nenos con cadeas, así mesmo. Despois, do mesmo xeito, deberían facerse polo menos 100 pezas do cadáver deste asasino en serie como adoitaba cortar os corpos dos nenos. Despois disto, eses anacos deben fundirse meténdoos en ácido, como facía cos asasinos en serie. Con todo, tras esta decisión, comezaron a xurdir preguntas nos tribunais de todo o mundo sobre se un castigo tan atroz podería imporse aínda hoxe. Despois de todo, cando se suscitaron preguntas en todo o mundo, o tribunal tivo que cambiar a súa decisión sobre o castigo deste asasino en serie. Entón anunciouse de novo que darían a pena de morte a ese asasino en serie.

Esta historia comeza cunha carta anónima. Enviouse unha carta a Khawar Naeem Hashmi, o redactor xefe de noticias deste xornal urdú. O editor quedou abraiado ao ler a primeira liña daquela carta. Estaba escrito naquela carta que "violei a cen nenos, despois estrangulei ata a morte e despois afogueinos en ácido". Entón os seus corpos foron arroxados a un río próximo».

A proba do asasinato de nenos tamén se enviou no paquete xunto coa carta. Ao abrir o paquete, había fotos dalgúns nenos nel. Entón, algúns documentos deste tipo, vendo que parece que o remitente da

123

carta non está de broma. Dise que alí tamén se enviou unha carta e un paquete semellante á policía.

A policía tamén leu esa carta e abriu o paquete e viuno, pero tomárono como unha broma. Pero o editor dese xornal non o fixo caso. En cambio, para investigar a noticia, enviouse a un xornalista ao enderezo indicado naquela carta e conseguiu verificalo.

Nesa carta, daba o enderezo dunha antiga casa en Ravi Road en Paquistán. que estaba nun lugar moi apartado. Investigando isto, o xornalista chegou ata alí. Cando o xornalista viu a condición alí, a sospeita converteuse aos poucos en fe.

O xornalista atopou alí tales probas, o que o conmocionou. O sangue foi descuberto en diversos lugares. Tamén se atopou unha bolsa que contiña os zapatos e a roupa dos nenos. Agora parecía que aquí acontecera algún incidente relacionado con nenos. Alí tamén se atopou un diario. Nel estaban escritos os nomes dos nenos.

Ao ver o diario, o xornalista deu inmediatamente toda a información ao seu editor. Tamén se dixo que as cousas escritas na carta parecen ser completamente certas porque aquí hai moitas marcas de asasinato. Ao escoitar isto, o editor informou inmediatamente diso á policía.

Despois diso, a policía tomouno en serio e chegou a ese lugar para investigar. Cando se iniciou a busca en presenza da policía, alí atopáronse os esqueletos dos dous primeiros nenos. Nas proximidades atopouse un gran recipiente. Púxose ácido clorhídrico no recipiente.

Nas paredes alí pegábanse uns anacos de papel. Como se o asasino en serie que escribiu a carta tivese plena confianza en que a policía ou o xornalista virían aquí.

Nuns anacos de papel estaba escrito:

Todos os detalles do asasinato están rexistrados nun diario e nun caderno de 32 páxinas, que deixei na sala. A súa copia foi enviada aos axentes. Non puiden desfacerme dos cadáveres que conseguirá a policía.

Aínda que a policía os consiga, quizais despois do meu suicidio. Agora vou morrer saltando ao río Ravi. Ao ler estas liñas, a policía correu cara ao río Ravi para atrapar ao asasino. Pero alí non se atopou ninguén. A policía buscou durante moito tempo. Despois disto, foron convocados centos de efectivos policiais e comezou a súa busca.

Dise que para atrapar a ese asasino en serie, a Policía de Paquistán levou a cabo a maior operación de busca dese ano. Pero aínda así, a policía non puido chegar a ese asasino. Entón un día, de súpeto, un home chegou á oficina do mesmo xornal urdú. Barba e bigote claros, lentes nos ollos, de entre 44 e 45 anos.

Este home presentouse ao xornal. Chámome Javed Iqbal. Entón dixo: "Eu son o que enviou a carta e dixo matar a 100 nenos". Entón díxolle ao editor do xornal que viñera a renderse. Agora comezou aquí a entrevista con Javed Iqbal e, ao conseguir a información, a policía chegou á oficina do xornal. En canto rematou a entrevista, a policía colleuno.

Agora o desafío ante a policía era se era Javed Iqbal ou outra persoa. A que nenos matou? Por que os matara? Cal é a razón detrás de matar só nenos? Todas estas foron grandes preguntas para a policía. Así que a policía comezou agora a abrir todas as capas daquelas páxinas nas que se enterraban os berros de moitos nenos, sen saber cantos soños dos nenos estaban enterrados vivos.

Cando a policía comezou a interrogalo, a súa primeira liña foi: "Eu son Javed Iqbal, o asasino de 100 nenos". Odio este mundo. Non teño vergoña nin remordemento polo que fixen. O que pensaba, agora o conseguín. Por iso estou listo para morrer. Non vou pedir desculpas.

A policía preguntoulle se levaba facendo isto desde pequeno. Entón Javed Iqbal respondeu que non era así: "Nacín o 8 de outubro de 1956 en Lahore. Desde neno fun unha persoa moi sinxela, igual que outras persoas. Tamén tiña unha familia. Tamén tiña unha familia encantadora. nai. Queríame demasiado".

Ante tal situación, a policía preguntou: "Cando todo estaba ben, entón por que e como mataches aos nenos? Despois, cal é a lóxica detrás?"

Esta era a pregunta que ía sacar toda a verdade da vida de Javed Iqbal. Mentres respondeu a esta pregunta, Javed tamén se emocionou un pouco. E entón comezou a responder. Díxolle á policía que Tiña uns 20 anos cando a policía me arrestou. Acusáronme de violación. Pero ese caso de violación era completamente falso. Nunca tivera tal incidente. A miña nai axitouse cando viu o seu fillo encerrado no cárcere. Levou todo o día e a noite sacalo do cárcere, pero non tivo éxito. Quedei no cárcere e adoitaba ver a miña nai chorando cada vez que choraba. Pero a desgraza foi tal que nin sequera as súas bágoas se podían limpar. E chegou un día no que a nai morreu mentres esperaba que o seu fillo saíse do cárcere.

Estaba roto e cheo de rabia pola morte da miña nai. Por iso, ao mesmo tempo, fixen o voto de que pase o que pase agora, farei chorar polo menos 100 nais, polos seus fillos. Espero que as 100 nais aquí entendan o moito que sofren cando os seus fillos non están alí.

Agora a policía pregunta: como implicou aos nenos?

Javed Iqbal deu toda a historia sobre esta pregunta. Javed Iqbal adoitaba atrapar aos nenos na súa trampa dun xeito moi marabilloso. Para iso, abriu nesa localidade unha tenda de videoxogos favoritos dos nenos.

Á súa tenda viñeron máis nenos, polo que baixou moito as súas tarifas. Ás veces, adoitaba facer videoxogos gratuítos para atraer máis nenos. Nesta cobiza, os nenos adoitaban acudir moitas veces á súa tenda de videoxogos sen sequera informar aos familiares.

Adoitaba adoptar un novo método para apuntar a un neno de entre moitos nenos. Adoitaba soltar billetes de 100 rupias na súa tenda para este fin. Algúns nenos adoitaban coller ese diñeiro e gardalo. Despois diso, Javed adoitaba facer que todos os nenos fixeran fila para descubrir o diñeiro. De quen atopase a nota, levábao ao cuarto e pechaba a porta. Despois adoitaba violar a ese neno mentres facía actos obscenos.

Cando algunhas persoas sospeitaban disto, a xente deixou de enviar nenos á tenda. Despois diso, abriu o acuario para mostrar os peixes. Despois disto, comezou a apuntar a aqueles nenos que, ou fuxiron da casa ou viñan alí vagando sós. Despois disto, adoitaba levar eses nenos a unha casa en Shadbagh, Lahore, e violalos.

Despois diso, adoitaba morrer a eses nenos. Utilizou unha cadea de ferro para estrangular os nenos para que morran de agonía. Adoitaba sacar as fotos daqueles nenos e gardalas para que quedaran os seus sinais.

Despois de asasinalos brutalmente, cortou os corpos dos nenos en varios anacos. Despois mergullaría eses anacos no ácido e estrangularaos por completo. Deste xeito, non se poden atopar probas relacionadas con ningún neno. Aínda despois de fundir o corpo do neno, quedaron algunhas partes, polo que adoitaba levalas ao río próximo e tiralas. Deste xeito, matou a 100 nenos. Tamén se gardaron como sinal os esqueletos dalgúns deles.

Tras a súa declaración, a policía reuniu probas relacionadas cos nenos asasinados e presentou o asunto no xulgado.

O 16 de marzo de 2000, o xuíz Allah Bakhsh condenou a Javed Iqbal polo brutal asasinato de 100 nenos. O xuíz dixera no veredicto que o condenado Javed tamén debería ser estrangulado 100 veces e despois, despois da morte, deberían facerse 100 pezas do cadáver. Non obstante, despois disto, a decisión foi modificada só por unha pena de morte. Pero antes de ser aforcado, o cadáver de Javed foi atopado o 8 de outubro de 2001 no cárcere central de Lahore, Paquistán. Afirmouse que Javed se suicidara. Pero outra afirmación foi de que o mataron a golpes no cárcere.

Esta afirmación faise porque o seu corpo estaba colgado da barra do teito coa axuda dunha saba. As mans e os pés volvéronse azuis. O sangue brotaba do nariz e da boca. Había ducias de cicatrices no corpo do asasino en serie.

Esas marcas eran coma se fora atacado máis de 100 veces cunha arma afiada. O seu compañeiro, Sajid Ahmed, que estivo implicado no crime con Javed, tamén morreu do mesmo xeito no cárcere.

Dise de Javed Iqbal que, cando morreu, ningún dos seus familiares ou parentes acudiu a recoller o seu cadáver. O seu irmán, Parvez Mughal, mesmo dixo que morrera por nós desde o día en que confesou matar brutalmente a 100 nenos. En tal situación, que faremos co cadáver dunha persoa que xa está morta?

29. Diogo Alves (España)

O corpo humano aínda se conserva en moitos países do mundo. Tamén se ve nos laboratorios científicos que algúns animais como as ras e as serpes se conservan poñendoos nunha solución líquida para poder conservalos durante anos de uso, pero esta historia trata dunha cabeza humana conservada.

Dise que o nome desta persoa do frasco era Diogo Alves, que era un dos asasinos en serie máis perigosos de Portugal. Son moitas as historias sobre este asasino en serie. As historias da súa crueldade aínda son habituais nas rúas de Portugal. O pobo de Portugal aínda treme ao escoitar o nome deste infame asasino en serie, Diogo Alves.

Diogo Alves naceu no ano 1810 en Galicia, España. Cando Diogo Alves buscou traballo con 19 anos na súa cidade natal de Galicia despois da educación primaria, só atopou fracaso e decepción. Nado nunha familia pobre, Diogo andou durante moito tempo en busca de traballo. Finalmente, chegou a Lisboa, Portugal, pero alí tamén non atopou máis que a decepción. En tal situación, tomou o camiño do crime e converteuse no asasino en serie máis temido de Portugal. Roubou aos labregos que vendían os seus grans e verduras e devolvíaos ás casas da cidade.

Diogo elixira unha ponte para facerse vítima da súa miseria, que utilizaba para apuntar aos transeúntes que pasaban por alí. Adoitaba roubarlles primeiro e despois vendaba os ollos ás vítimas e tirábaas ao río por debaixo dos 65 metros. Nun primeiro momento, a policía pensou que os gandeiros se estaban suicidando por dificultades económicas, pero tras a investigación, a policía soubo que foron asasinados e arroxados ao río.

Cando a policía intensificou a busca de Diogo, este desapareceu nalgún lugar durante tres anos e esperou a que a policía se calmase. Pero mentres tanto, creou unha banda de pobres coma el que poden cumprir o seu soño de gran botín. Quería facer un gran roubo, polo que comezou a cometer grandes delitos.

Nun ano, Diogo tamén comprara un número considerable de armas e matou a decenas de persoas. Un día, Diogo, xunto coa súa banda, roubaron a casa dun médico de Lisboa e matárono brutalmente, logo escondéronse nun bosque próximo para escapar da policía.

A policía inmediatamente coñeceu o incidente e, polo tanto, a policía sospeitou que Diogo estaba escondido nalgún lugar preto. Cando a policía coñeceu a banda de Diogo, non se coñecía a súa localización exacta. Un día, baseándose nunha información secreta, a policía finalmente arrestou a ese temido asasino en serie.

Segundo o informe da policía de Lisboa, Diogo nunca deixou á vítima con vida. Gústalle matar xente brutalmente. Adoitaba picar o corpo humano ata que deu a vida.

Despois dunha investigación sobre o caso, descubriuse que asasinaba brutalmente a máis de 70 persoas no ano 1941. Foi condenado a morte polo brutal asasinato de máis de 70 persoas.

Cando Diogo foi aforcado, a frenoloxía era unha materia popular en Portugal, polo que algúns científicos solicitaron ao xulgado que despois de aforcar a Diego lle entregaran a cabeza. Os científicos querían descubrir de onde procedía a crueldade en Diego. O xulgado tamén ordenou que despois de aforcar a Diego, a súa cabeza fose entregada aos científicos. Isto levou á conservación permanente da cabeza de Diego, que aínda se conserva no Teatro Anatómico da Facultade de Medicina da Universidade de Lisboa.

Sen dúbida, a cabeza do asasino en serie é a exhibición máis terrorífica da universidade, e é un verdadeiro final para este asasino brutal. Quizais sexa a única persoa da historia que recibiu dúas condenas separadas: unha pena de morte e unha cadea perpetua despois de ser atopado nun frasco cheo de líquido.

30. Raman Raghav (India)

B ombai, na India, tivo a súa importancia na década de 1960. Nese momento viña aquí xente de todo o país a buscar traballo. A razón é que aquí a xente adoitaba conseguir todo tipo de traballo. Porén, os que non tiñan a disposición para vivir de aluguer farían do camiño a súa casa. Porén, a década de 1960 resultou ser unha sentenza de morte para os pobres traballadores que durmían nas beirarrúas de Bombai.

No tempo de hoxe, os recordos de Raman Raghav, infamemente coñecido como o Asasino Psico, serán borrosos na mente de moitas persoas. Pode que moitos nin sequera o saiban, pero na década de 1960, esta persoa era nada menos que a morte para os pobres.

As noticias dos asasinatos de persoas durmindo na beirarrúa en Mumbai durante 1965-66 sorprenderon a todos. A policía tampouco sabía que, á fin e ao cabo, era el quen facía dos desvalidos a súa presa na escuridade da noite. O mesmo método de asasinato utilizouse na maioría dos asasinatos nocturnos, nos que as persoas eran golpeadas na cabeza con obxectos pesados.

No prazo dun ano producíronse ataques mortais contra unha ducia e media de persoas, das cales nove persoas morreron. Ao mesmo tempo, o público, incluída a Policía de Bombai, tamén quedou sorprendido de que este descoñecido atacante non fose capturado. A xente adoitaba volver ás súas casas pola noite. A xente comezou a levar paus para defenderse durante ese período. Para o ano seguinte, con todo, houbo un oco nestes casos. A era dos asasinatos comezara unha vez máis, pero as escenas do crime eran distintas en cada unha delas.

Raman Raghav asasinou máis de 40 persoas en 3 anos. Todos os asasinatos foron sen ningún motivo específico. Só así. para saciar a súa sede asasina.

Todas as vítimas de Raman eran pobres, e a maioría delas durmían nas beirarrúas, etc. Moitas veces, moitas persoas morrían mentres durmían nos barrios pobres. Raman non deixou atrás a ninguén:

homes, mulleres e mesmo nenos. Sexa como fose, Raman adoitaba escribir o último capítulo da súa historia. Todos estes asasinatos tiveron lugar nas zonas suburbanas do norte de Bombai.

Todas as vítimas morreron mentres durmían pola noite. O método de golpear era horrible e sempre o mesmo: un golpe na cabeza cun obxecto pesado e afiado. Dado que Raman non foi capturado nese momento, e a serie de derramamentos de sangue unha tras outra era nova, xurdiron rumores de que todo era un milagre dunha superpotencia. "Superpoder" significa algo fóra deste mundo. Tampouco é un superpoder, aquel que toma a forma de gato ou papagaio. Algúns chámanlle un home esquivo que se disfraza de animal temido. Algúns dirían que era como unha pantasma pendurada dunha árbore.

Durante os estragos de Raman, arredor do ano 2000, e ás veces, aínda máis, policías patrullaban a cidade todas as noites. Pola noite, as estradas comezaron a baleirarse. Ao caer a noite, a propia xente adoitaba saír á rúa con paus e armas na man. Ocorreu que moitos mendigos inocentes e persoas sen fogar que traballan foron vítimas da mafia baixo sospeita. Con todo, Raman Raghav continuou perpetrando os seus escándalos noutras áreas.

Segundo a cronoloxía, o asasinato produciuse en dúas partes. A primeira parte foi sobre os anos 1965–66. No que atacou a un total de 19 persoas. Destas 19, 9 persoas morreron. Durante isto, a policía xa atrapara a Raman, pero non se atopou ningunha pista contra el e foi liberado. A policía soubo que o seu expediente xa estaba con eles. Raman pasara unha vez cinco anos no cárcere. Viorou á súa irmá e matouna a coiteladas varias veces.

A segunda parte aconteceu no ano 1968. O 27 de agosto deste ano, un subinspector chamado Alex Fialho recoñeceuno a partir de bosquexos baseados nas descricións dadas polos seus supervivientes do ataque. Foi detido. As primeiras investigacións e investigacións revelaron que tiña moitos nomes. Os seus nomes eran Sindhi, Dalwai, Talwai, Anna, Thambi e Veluswami.

Ramakant Kulkarni, quen se converteu no novo xefe da División do Crime, comezou a investigar este asasinato en serie que comezou en 1965. O 27 de agosto de 1968, Raman Raghav foi capturado baixo as súas ordes.

Non se puido atopar ningunha información sobre o pasado de Raman Raghav. Segundo os informes daquela época, Raman Raghav era un brahmán tamil. Era un home de gran estatura e unha sela forte. A súa escolaridade era escasa e estaba sen fogar. Dise que pasou gran parte do seu tempo no bosque de Pune.

No momento da súa detención atopáronse nel lentes, dous peites, unha tesoira, unha vara de incenso, xabón, allo, follas de té e dous papeis que levaban unhas marcas matemáticas. Atopáronse manchas de sangue na súa camisa e pantalóns caqui. Raman Raghav foi identificado como o asasino polas súas pegadas dixitais.

Tamén hai unha historia moi estraña pero divertida sobre a súa confesión da súa culpa. Durante os dous primeiros días, Raman Raghav non dixo nada diante da policía. De súpeto, ao terceiro día, abriu a boca. Cando lle preguntaron se necesitaba algo,

"Polo".

A súa resposta foi Despois de comer o estómago cheo, preguntáronlle de novo se necesitaba algo máis. Afirmou que quería comer máis polo.

Despois afirmou que necesitaba os servizos dunha prostituta para manter relacións sexuais. Entón dixo que, como non conseguiría todo isto no peche, esixiu aceite para o cabelo, un peite e un espello. Dáronlle todo.

Despois de conseguir isto, aplicou aceite de coco por todo o corpo. Mentres aplicaba o aceite, admiraba a fragrancia do aceite. Peiteouse e mirou a súa cara no espello. Despois diso, tocoulle facer preguntas. Preguntou o que a policía esperaba del. A policía pediulle que se enterase do asasinato. E despois levou a policía consigo aos arbustos onde escondera todas as súas armas. As súas armas incluían unha palanca, un coitelo e algunhas outras ferramentas.

Despois diso, na súa confesión, confesou matar a 41 persoas. Aínda que a policía di que matou máis persoas,

Cando Raman Raghav foi xulgado no xulgado, o avogado defensor dixo que non estaba mentalmente sano. Tamén dixo que mentres cometeu o asasinato sabía o que estaba a facer pero non sabía cal sería o resultado e que as súas accións eran contrarias á lei. Por iso, foi enviado ao médico da policía, onde estivo preto dun mes. Segundo o informe do médico, a mente de Raman estaba perfectamente ben e non estaba tolo de ningún xeito. Polo menos non en base a un exame médico.

Raman foi condenado a morte e negouse a apelar. Antes de confirmar a sentenza, o Tribunal Superior de Bombai pediu ao cirurxián xeral de Bombai que formase un equipo de tres psicólogos e decida se Raman estaba tolo ou non. Ademais, se o seu estado mental non era bo, entón nese estado podería defenderse no xulgado ou non.

Este equipo de psicólogos realizou cinco entrevistas a Raman. Todas estas entrevistas duraron 2-4 horas. Algunhas das cousas que saíron á palestra durante isto foron:

- Segundo el, había dous mundos. Un no que vivía a lei. E a outra, na que viven todos os demais.
- Cría que algunhas persoas intentaban cambiar o seu sexo. Non puideron conseguilo, con todo, porque era o portavoz da lei.
- Tamén cría que era un símbolo de poder.
- Tamén sentiu que moitas persoas querían facelo homosexual dándolle o atractivo da homosexualidade. E se cae na súa trampa, converterase nunha muller.
- Tamén cría que o sexo homosexual o transformaría nunha muller.
- Seguíu insistindo durante toda a conversa en que era 100 por cento "home". Repetía isto unha e outra vez.

• Estaba convencido de que o goberno convidouno a Bombai para roubar e tamén conseguir que fixera cousas ilegais.

• Segundo el, había tres gobernos no país: o goberno de Akbar, o goberno británico e o goberno do Congreso. E todos estes gobernos conspiraban contra el e atraíano a cometer crimes.

A condena de Raman Raghav foi reducida a cadea perpetua en lugar da pena de morte. Iso débese a que os psicólogos o declararan enfermo mental. Foi enviado ao cárcere de Yerwada en Pune, onde foi sometido a tratamento no Instituto Central de Saúde Mental e Investigación. Raghav morreu de enfermidade renal o 7 de abril de 1995 no hospital Sassoon de Pune.

31. Moses Sithole (Sudáfrica)

Na década de 1990, un asasino en serie cometeu unha serie de asasinatos, causando pánico a nivel nacional en Sudáfrica, xa que o país non tiña antecedentes de asasinatos en serie. A natureza atroz dos crimes converteuse rapidamente nunha cuestión de seguridade nacional, despois de que o falecido ex presidente de Sudáfrica, liderado por Nelson Mandela, pronunciou un discurso a nivel nacional instando ao público surafricano a axudar á policía a atopar ao asasino.

Entre o 16 de xullo de 1994 e o 6 de novembro de 1995, un asasino en serie chamado Moses Sithole violou brutalmente polo menos corenta mulleres e matou a trinta e oito delas. Atraeu ás nenas á súa rede atraíndoas ao emprego, despois levounas a unha zona deserta, violounas e matounas estrangulándoas coa roupa interior.

Moses Sithole naceu o 17 de novembro de 1964 en Vosluras, provincia de Transvaal, Sudáfrica, fillos de Simon e Sophie Moses Sithole. A súa infancia foi moi difícil. Como moitos sudafricanos negros na era do apartheid, a súa familia era extremadamente pobre, e as cousas empeoraron cando morreu o seu pai, Simon Moses Sithole. A súa nai non puido coidar del e dos seus catro irmáns e optou por abandonar aos nenos na comisaría local. Isto levou a que Moses Sithole vivise en diferentes orfanatos de todo o país, onde foi abusado. Moses Sithole tamén foi arrestado por violación cando era adolescente e pasou sete anos en prisión.

A pesar da súa infancia difícil, Moses Sithole creceu ata ser un home guapo e encantador. O seu bo aspecto e o seu encanto fan que sexa fácil atraer ás súas presas.

Moses Sithole era un cabaleiro para os que o rodeaban. No momento do propio crime, dirixía unha organización fantasma, Youth Against Human Abuse, aparentemente dedicada á erradicación do maltrato infantil.

No ano 1995, matara a máis de trinta mulleres. Non só isto senón que, máis tarde, tamén adoitaba chamar ás familias das vítimas para burlalas e torturalas. Moses Sithole dirixiuse principalmente a mulleres negras de entre 19 e 45 anos. Co pretexto de entrevistas, Moisés levaba ás vítimas a campos remotos, onde as golpeaba, violaba e asasinaba.

O seu primeiro encarceramento foi en 1989 cando foi condenado por violar a unha nena chamada Bayiswa Swakamisa. Durante o xuízo, Moses Sithole mantivo a súa inocencia. Aínda que foi condenado a seis anos de prisión, saíu en liberdade anticipada polo seu bo comportamento.

Pero isto durou pouco e pouco despois da súa saída do cárcere, en 1994, volveu cometer unha violación e esta vez mesmo matou á vítima, cousa que probablemente se enterou do seu erro anterior de deixar con vida á súa vítima.

Moses Sithole era un home moi frío e esixente, polo que era moi difícil entender por que facía o que facía. Entre o 16 de xullo de 1994 e o 6 de novembro de 1995, Moses Sithole matou polo menos 38 persoas. Moses Sithole foi condenado por 40 delitos de violación e 38 delitos de asasinato. Aínda que se declarou inocente, as probas contra el eran esmagadoras. Finalmente foi declarado culpable de todos os delitos de violación e asasinato.

Explicou os seus crimes dicindo que todas as mulleres que matou lembrábanlle ás mulleres que o acusaran falsamente de violar anos antes.

O 5 de decembro de 1997, Moses Sithole foi condenado a 50 anos de prisión por cada un dos 38 asasinatos, doce anos de prisión por cada unha das 40 violacións e cinco anos de prisión por cada un dos seis roubos. Así, a pena efectiva total é de 2.410 anos. O xuíz David Carstairs ordenou que Moses Sithole pase polo menos 930 anos en prisión antes de ser elixible para a liberdade condicional. O xuíz tamén dixo que se non se abolira a pena de morte, sería un castigo máis axeitado.

32. Edmund Emil Kemper (Estados Unidos)

Póñennos a pel de galiña cando escoitamos falar dos incidentes de asasinatos en serie. Este asasino en serie traspasou todos os límites da crueldade. Esta é a historia de Edmund Emil Kemper, un notorio asasino en serie que vive en Burbank, California.

Edmund Emil Kemper foi acusado de matar entre oito e dez persoas. A maioría deles incluían membros da súa propia familia. Edmund non se detivo só no asasinato. Edmund tamén tivo relacións físicas co cadáver despois de ser brutalmente asasinado.

Este asasino en serie matou aos seus avós con só 15 anos. Entre 1972 e 1973, Edmund matou a seis nenas, dúas das cales eran estudantes universitarios. Este asasino en serie matou por última vez á súa nai e a un amigo dela.

Nado o 18 de decembro de 1948 en Burbank, California, o asasino en serie Edmund Kemper adoitaba violar primeiro ás nenas e despois matalas brutalmente golpeándoas na cabeza cun martelo. Aínda que non estaba satisfeito con isto, recollería o seu cadáver e levábao a casa, onde tería relacións físicas con el. Este asasino en serie tornouse infame como o "asasino mixto", xa que a maioría das súas vítimas eran estudantes universitarios. Durante a viaxe, adoitaba apuntar ás mozas autoestopistas, atraelas ao seu vehículo e levalas a zonas illadas.

O trato cruel estaba arraigado na vida de Edmund Emil Kemper dende o principio. Desde os 6-7 anos, mostrou un comportamento antisocial, como crueldade cos animais. Aos 10 anos enterrou viva o seu gato mascota. Cando morreu, cortoulle a cabeza e martelouno cun cravo no tronco da árbore. Mesmo tratou a boneca da súa irmá pequena coma un gato.

Unha vez na infancia, ata intentou bicar á súa profesora. Tamén adoitaba mirar furtivamente as nenas dende as fiestras.

"Gas Chamber" e "Electric Chair" foron algúns dos seus xogos favoritos cando era neno, nos que ataba á súa irmá pequena e pulsaba un interruptor imaxinario. Despois caía e deitábase no chan, simulando que tiña problemas para respirar o gas ou que moría por unha descarga eléctrica.

De neno, tamén tivo experiencias próximas á morte: unha vez escapou por pouco de ser atropelado por un tren, e outra que apenas sobreviviu nunha piscina profunda.

Kemper tiña unha estreita relación co seu pai, e a familia quedou destrozada en 1957 cando os seus pais, Clarenell Elizabeth Kemper e Edmund Emil Kemper Jr., se separaron. Continuou a vivir coa súa nai, Clarenell Elizabeth Kemper. A súa nai tivo un romance cun alcohólico neurótico e dominante. Moitas veces humillaba e abusaba da súa nai. O seu pai tamén casara de novo.

Clarenell Elizabeth Kemper era consciente das accións do seu fillo e adoitaba durmir nun sótano pechado porque temía que prexudicase ás súas irmás.

A estatua de Kemper tamén era extraordinariamente grande. Burlábase del de que ningunha nena o amaría nunca. Medía 6 pés e 4 polgadas de alto aos 15 anos.

Edmund Kemper mudouse cos seus avós aos 15 anos. Mentres tanto, o 27 de agosto de 1964, aos 15 anos, Kemper disparou a súa avoa cun rifle. Cando o seu avó, Edmund Emil Kemper, volveu da compra, Kemper saíu e disparoulle cando baixaba do coche.

Non estaba seguro de que facer a continuación, polo que chamou á súa nai, quen lle dixo que se puxese en contacto coa policía local. Kemper chamou á policía.

Os psiquiatras cualifican os crimes de Kemper de incomprensibles para un mozo de 15 anos e trátano como un esquizofrénico paranoico. Despois da súa detención, dixo Kemper, era mellor que unha muller violase e asasinase que dcixar testemuñas.

Mentres vivía coa súa nai, Kemper asistiu á súa universidade comunitaria e esperaba converterse en policía, aínda que non puido conseguir un traballo debido ao seu tamaño. Nese momento, Kemper tiña 6 pés e 9 polgadas de alto.

Kemper traballou para a División de Estradas do Estado de California (agora coñecida como Departamento de Transporte de California). Durante este tempo, a súa relación coa súa nai, Clarnell, mantívose tóxica e hostil, con frecuentes discusións entre ambos. Cando aforrou diñeiro suficiente, Kemper trasladouse a vivir cun amigo en Alameda, California.

En 1969, comprou un coche Ford Galaxy. Durante este tempo, viu que un gran número de nenas pedían ascensores polo camiño. Despois comezou a gardar bolsas de plástico, coitelos, mantas e esposas no seu coche. Despois comezou a darlle ascensores ás rapazas. Segundo Kemper, deu ascensor a unhas 150 mozas, pero só aquelas coas que sentiu desexo sexual ao velos. Adoitaba ter relacións imaxinarias con eles.

Despois diso, a súa coraxe aumentou. Kemper asasinou a oito persoas entre maio de 1972 e abril de 1973. Daría ascensores ás estudantes que foron violadas, disparadas, apuñaladas, estranguladas ou degolladas. Despois levaba os seus corpos á súa casa, mantiña relacións sexuais cos cadáveres, cortábaos en anacos e eliminaba eles.

O 7 de maio de 1972, Kemper sentou a dúas mozas de 18 anos en Berkeley, California, para levarlles á Universidade de Stanford.

Despois de conducir durante unha hora, chegou a unha zona boscosa deserta preto de Alameda, California. Alí esposou a unha nena chamada Paes e encerrou a Luchesa nunha caixa construída en segredo no coche, despois acoitelou e estrangulou a Paes ata matar, matando máis tarde a Luchesa do mesmo xeito.

Kemper admitiu máis tarde que mentres esposaba a Paes, incluso dixo: "Oh, perdón" mentres tiraba dun dos seus peitos.

Kemper colocou os corpos de ambas mulleres nas caixas do seu Ford Galaxy. Durante o camiño, un policía detivo o coche ao avariarlle a luz traseira, pero o axente non atopou os cadáveres no coche.

O compañeiro de piso de Kemper non estaba na casa, polo que levou os cadáveres ao seu apartamento, onde os fotografou e mantivo relacións sexuais con eles antes de desmembrar os cadáveres espidos. A continuación, as partes do corpo foron metidas en bolsas de plástico e tiradas ao bosque.

Na noite do 14 de setembro de 1972, Kemper arrastrou á forza a Aiko, un estudante de 15 anos, no seu coche. Asustouse cunha pistola no bosque, violouna e despois matouna. Despois embalou o seu corpo nunha caixa e foi a un bar próximo a beber cervexa antes de regresar ao seu apartamento. No seu apartamento, mantivo relacións sexuais co cadáver e despois descartouno como antes.

O 7 de xaneiro de 1973, Kemper recolleu a Cynthia, de 18 anos, do campus do Cabrillo College e levouna ao bosque, onde lle dispararon cunha pistola calibre 22. Meteu o seu cadáver no coche e dirixiuse a casa, onde ocultou o seu corpo nunha cela do seu cuarto durante toda a noite. Á mañá seguinte, cando o seu amigo marchou para o traballo, mantivo relacións sexuais con ela e mantivo a cabeza do corpo decapitada durante varios días, molestándoa.

O 5 de febreiro de 1973, Kemper saíu de novo de caza. Ante a gran sospeita dunha estudante asasino en serie na zona de Santa Cruz, recomendóuselles ás estudantes que aceptasen paseos só en coches con adhesivos universitarios.

Kemper obtivo facilmente ese adhesivo da Universidade de California, Santa Cruz, xa que a súa nai traballaba alí.

Esta vez, no campus da Universidade de California, en Santa Cruz, deu un levado a Rosalind Heather, de 23 anos, e Alice Helen, de 20. Kemper tamén os matou. Decapitaunos, tirou as súas cabezas ao bosque e levou o resto dos corpos á casa. Aquí mantivo relacións sexuais con cadáveres sen cabeza.

Ao ser preguntado nunha entrevista por que decapitaba ás súas vítimas, explicou: "A xente di 'decapitado e o corpo morre, entón non queda nada'. Para refutar a súa teoría de que a unha nena sen cabeza lle queda moito no corpo".

Kemper chegou á casa da súa nai o 20 de abril de 1973. Pelexaban por teléfono durante o día. Matou a súa nai de 52 anos, Clarenell Elizabeth, cortándolle a gorxa cun coitelo mentres ela durmía. Despois colocou a súa cabeza cortada nun estante e gritoulle durante unha hora, lanzándolle dardos e, finalmente, esnaquizándolle a cara cun martelo.

Kemper dixo máis tarde: "É xusto con el. Durante tantos anos, ela estivo berrándome como unha cadela".

Kemper escondeu entón o corpo da súa nai na casa e foi a un bar próximo a beber.

Ao día seguinte, convidou á mellor amiga da súa nai, Sarah Taylor Hallett, de 59 anos, a cear na casa. Kemper matou a Hallett tan ben como ela veu. Kemper fuxiu entón do lugar.

Continuando conducindo o coche, chegou a Pueblo, Colorado, a 1600 km de distancia. Despois de non escoitar noticias na radio sobre os asasinatos da súa nai e de Hallett en Pueblo, chamou á policía desde unha cabina telefónica. Confesa os asasinatos da súa nai e de Hallett, pero a policía non se toma en serio as súas chamadas e pídelle que chame máis tarde. Varias horas despois, Kemper volveu confesar o asasinato falando cun axente de policía que coñecía e agardando a que chegase a policía.

Máis tarde, cando lle preguntaron nunha entrevista, "¿Que causou o teu cambio de opinión? Por que alteraches a túa aparencia?"

Entón Kemper dixo: "O propósito orixinal foi derrotado". Non cumpría ningún propósito físico, real ou emocional. Foi só unha perda de tempo. Emocionalmente, non puiden aguantar máis. Cando finalmente comecei a sentirme estúpido e esgotado, a piques de colapsar, só dixen "Fódeo" e encolme de ombros".

No xuízo de 1973, Kemper, de 24 anos, foi declarado culpable de oito asasinatos. Mentres tanto, Kemper intentou suicidarse dúas veces mentres estaba detido. Tres psiquiatras designados polo xulgado declararon que Kemper estaba legalmente sano. Un dos psiquiatras, o doutor Forte, dixo ao tribunal que Kemper tamén cometeu canibalismo. Cortou a carne dos pés das súas vítimas, e despois cociñou e comeu estas tiras de carne con arroz. Kemper máis tarde admitiu canibalismo. Kemper pediu a pena de morte a cambio dos seus crimes. A pena de morte foi suspendida en California nese momento e, en cambio, as persoas recibiron oito cadeas perpetuas simultáneas. O asasino en serie de 73 anos, Edmund Emil Kemper, cumpre actualmente cadea perpetua nun cárcere de California.

33. Yvan Keller (Francia)

Yvan Keller é un dos asasinos en serie máis terroríficos que se coñecen en Francia e era coñecido como "O asasino de almofadas" porque adoitaba pegar á xente con almofadas. O asasino en serie francés, Yvan Keller, naceu o 13 de decembro de 1960 en Wittenheim, Haut-Rhin, Francia. Segundo os informes, confesou máis de 150 asasinatos en varios países entre 1989 e 2006.

Orixinario dunha familia nómada, o seu pai estableceuse na Rue du Bourg e alí traballou como obreiro nunha mina de potasa para manter os seus oito fillos.

Yvan Keller foi unha persoa violenta, áspera e cruel dende o principio. A temprana idade comezou a cometer pequenos roubos por orde do seu pai para contribuír ás necesidades da familia. Este costume de roubar pouco a pouco converteuse nun roubo.

Unha vez, o seu irmán queimouse gravemente mentres intentaba roubar un cable eléctrico de cobre de alta tensión.

Con 17 anos, Yvan Keller roubou algúns anticuarios nas tendas de Wittenheim. Por información, a policía detívoo. Os obxectos roubados foron recuperados pola policía na súa casa.

Keller foi xulgado por roubo con violencia e condenado a 10 anos de prisión.

En 1989, aos 29 anos, Yvan Keller foi liberado e trasladouse a Mulhouse na Rue de Verdun para vivir. Era un lugar tranquilo lonxe do centro da cidade. Estando aquí, comezou a traballar como xardineiro e comezou a súa propia pequena empresa. Collendo a súa furgoneta, viaxou pola cidade e ofreceu os seus servizos de xardinería, especialmente aos anciáns solitarios.

Os seus clientes estaban satisfeitos co seu excelente traballo, polo que pronto comezou o seu traballo. O seu negocio continuou crecendo. A pesar do diñeiro, Yvan Keller viviu unha vida modesta. Era moi amigable cos seus clientes e veciños e mostraba unha gran compaixón cos animais. Seguiu adiante e axudou aos demais cando era necesario. Tamén ía á igrexa por regra.

Pero en realidade, era a cara farsa de Yvan Keller. Adoitaba divertirse moito saíndo as fins de semana. Comía e bebía en restaurantes de luxo, gastaba moito en viaxes a Inglaterra e non dubidaba en gastar 1.500 euros por noite xogando en casinos e ata 8.000 euros nun cabalo de hipódromo nas carreiras de cabalos de París. E non dubidou en utilizar os seus compañeiros para facer todo isto. A súa esposa anterior, Marina, foi obrigada a prostituirse por Evan Keller, e utilizou o diñeiro gañado para cumprir os seus desexos.

En 1991, dúas irmás de oitenta anos de Sausheim, Haut-Rhin, Alice e Helen, pediron a Yvan Keller que manteña fermoso o seu xardín. Horas despois do regreso de Yvan Keller, as dúas irmás notaron que 45.000 euros desapareceran dos armarios da súa casa. Helen chamou á policía. Keller foi convocado, interrogado e soltado. Unha das irmás, Alice, foi atopada morta de asfixia no seu sono nalgún momento despois.

Mary Louise foi atopada morta o 21 de decembro de 1991. Yvan Keller fixera cousas estrañas na súa casa. O doutor declarou que as súas mortes eran naturais.

En xaneiro de 1994, Marie Winterholer, residente na rúa Basse de Bernhaupt-le-Haut, foi atopada morta na súa cama. O médico que foi chamado ao lugar chegou á conclusión de que se trataba dunha morte natural.

Cando Jermaine Mange chegou á porta principal da súa casa en marzo de 1994, sorprendeuse ao atopar a porta aberta. Subindo as escaleiras, chegou ao primeiro andar do dormitorio cando a súa nai de 86 anos, Ernestine, foi atopada morta na cama. Jermaine quedou sorprendida ao ver que a saba e a manta estaban rectas, sen dobras, como se acabasen de poñer. Esta morte tamén foi ignorada como antes.

O 27 de abril de 1994, outra muller chamada Augusta Wasmer, de 77 anos, foi atopada morta nas mesmas circunstancias sospeitosas.

O médico díxolle á súa filla, Marie-François Rochlin, que morrera naturalmente dun infarto "por medo máis aló dos límites".

Poucos días despois, Marie-François Rochlin descubriu que faltaba a tarxeta bancaria da súa nai. A partir dos extractos bancarios, decatouse de que a tarxeta fora utilizada tres veces desde a morte da nai, pero a policía non sospeitou de Yvan Keller, o xardineiro da súa vella nai, senón dos membros da familia.

O 12 de febreiro de 1995 foi a quenda de Madeleine, de 79 anos, que foi atopada morta en Eschau. Tamén foi unha morte natural, por un ataque cardíaco.

O xogo de Yvan Keller chega ao seu fin cando o seu irmán Pierre e un dos seus informantes, François de Niccol, inician un altercado sobre o reparto de cartos e asasinatos innecesarios.

François de Niccol foi un amigo da infancia de Yvan Keller. Traballou como informante de Yvan Keller. Segundo dixo á policía, adoitaba informar a Yavan das casas que sabía que tiñan cartos e que os anciáns vivían sós. Segundo el, nunca apoiou matalos.

Yvan Keller foi detido en setembro de 2006 por testemuño de François De Niccol e o irmán de Yvan Keller, Pierre.

Mentres estaba baixo custodia policial na Delegación da Policía Xudicial da Comisaría de Mulhouse, Yvan Keller confesou 23 asasinatos e mesmo admitiu que matou a 150 persoas, sempre da mesma forma. Yvan Keller tamén admitiu asasinatos en rexións e países limítrofes co Alto Rin, como Bas-Rhin, Suíza e Alemaña.

Entraba polas noites nas casas das súas vítimas, estranguládoas con almofadas ou panos nas súas camas, ou matándoas metendo panos na boca e presionándolles o nariz. e despois roubaban os seus obxectos de valor como cartos, xoias, cadros, etc. Antes de escapar, Yvan Keller tivo moito coidado de poñer de novo as sabas e as mantas para que parecese unha morte natural.

En setembro de 2006, Yvan Keller compareceu ante o Tribunal de Grande Instance de Mulhouse. Pero estremeceuse ao pensar en pasar a vida no cárcere e suicidouse o 22 de setembro de 2006 aforcándose no cárcere do xulgado.

34. Juan Fernando Hermosa Suárez (Ecuador)

Juan Fernando Hermosa Suárez foi o asasino en serie máis novo e perigoso da historia ecuatoriana, cun corpo delgado e uns ollos abultados e misteriosos. Hermosa era infamemente coñecida como o "Neno do Terror". Con 15 anos matara polo menos 15 persoas. Dise que os instintos violentos apoderáronse da mente de Hermosa dende os 6-7 anos. A esa idade comezou a matar animais como ratos, esquíos, paxaros, etc. Mesmo unha vez chegou á escola coa cabeza cortada dun gato. Despois disto, foi expulsado da escola, e despois diso, xa non puido volver a ela.

Este perigoso asasino en serie, Hermosa, naceu o 28 de febreiro de 1976 na cidade de Clemente Baquerizo, provincia dos Ríos. Vivía cos seus pais adoptivos, Olivo Hermosa Fonseca e Zoila Amada Suárez Mejía, na capital do país, Quito.

Non había un arranxo axeitado para a educación de Hermosa, polo que desde neno comezou a saír con rapaces vagabundos e a dedicarse a pequenos traballos ilegais. Estes incluían roubo en casas ou cachorros, carteristas, saqueos, roubos na rúa, etc.

Con 15 anos, formou unha banda de dez nenos da súa idade, rouboulle a un garda unha pistola de 9 milímetros e comezou a motín na cidade de Quito. Xunto coa súa banda acudía a miúdo a bares e discotecas da zona coñecida como Puente del Guambra, preto da Universidade Central.

Mesmo coa súa moza, Yadira, adoitaba saír a longos paseos para divertirse nun taxi roubado.

O 22 de novembro de 1991 deixou unha discoteca cuns amigos e colleu un taxi para casa. No camiño, Hermosa sacou a pistola e disparoulle ao condutor na cabeza. Ao día seguinte, un amigo seu conducía o taxi e arroxou o cadáver do condutor nunha cuneta do val dos Chilos, onde a policía atopou o cadáver ao día seguinte.

Unha semana despois, Hermosa acompañou a membros da súa banda a un salón de peiteado onde adoitaba cortarse o pelo. Este salón pertencía a un home gay chamado Charlie. Nun ataque de rabia, Charlie invítaos a tomar unha copa na súa casa, onde se debaten por un asunto innecesario e, nun ataque de rabia, Hermosa dispara cinco balas na cabeza de Charlie.

Así, Hermosa cometeu un total de 22 asasinatos sen causa concreta que se produciron en apenas catro meses, desde novembro de 1991 a marzo de 1992, nos que participaron oito taxistas, 11 homosexuais, un camioneiro e un coñecido seu. Estes crimes durante a fin de semana crearon pánico entre taxistas e homosexuais que viven no norte de Quito. Todas as vítimas foron asasinadas a tiros con pistolas de 9 mm. A maioría das súas vítimas eran taxistas. Debido a isto, moitas sociedades cooperativas de taxis deixaron de traballar despois das 18.00 horas.

O alcalde Fausto Terran Bustillos recibiu o mando dun equipo formado pola Policía Nacional, encargado de investigar estes delitos. Despois dunha investigación exhaustiva, a policía conseguiu atrapar a unha banda de mozos criminais no centro da cidade o 9 de xaneiro de 1992. A banda tentaba roubar nuns grandes almacéns. Pero o seu líder, Juan Fernando Hermosa Suárez, non estivo presente coa banda.

A operación para capturar a Juan Fernando Hermosa comezou ás 3 da madrugada do 16 de xaneiro de 1992, baseada no interrogatorio dos pandilleros. O equipo policial chegou ao exterior da casa do presunto asasino, e un policía entrou na casa de Hermosa por un lucernario. Hermosa durmía nunha cama separada no cuarto da súa nai.

Hermosa foi alertada polo máis mínimo son. Ao ver á policía, sacou a súa pistola de 9 mm e comezou a disparar. Daquela xa entraran máis policías dende o lucernario. Un forte intercambio de fogos entre el e a policía.

Durante o tiroteo, este neno terrorista lanzou unha granada contra o policía ao que se enfrontaba. Isto provocou unha explosión que provocou o derrube dun muro da casa e dous policías morreron. Neste enfrontamento tamén morreu a nai de Hermosa. Foi alcanzada con 11 balas, mentres que o propio Juan Fernando Hermosa foi capturado 15 minutos despois sen rabuñadura. Tentaba fuxir pola fiestra traseira da casa.

Cando foi detido Juan Fernando Hermosa, os axentes quedaron sorprendidos, xa que o sospeitoso era menor de idade. O propio Hermosa dixo: "Chámome Juan Fernando Hermosa Suárez, e o 28 de febreiro de 1992 cumprirei 16 anos".

Esa mañá, un grupo de 10 axentes enviou a Hermosa ao cárcere de García Moreno.

Juan Fernando Hermosa dixo na súa declaración que non tiña intención de matar persoas senón que tiña que matalas para calalas por discutir comigo. Hermosa contou que nunha ocasión foi ameazado cun revólver calibre Punto 22 e noutra un taxista intentou atacalo cunha chave inglesa, polo que tamén tivo que matalo.

No xulgado, Juan Fernando Hermosa confesou todos os seus delitos, tras o que foi condenado a unha das penas máximas permitidas pola lei para un menor, que foi de 4 anos de prisión no Centro de Rehabilitación Virgilio Guerrero.

Virgilio Guerrero pasou os primeiros meses da súa condena nun centro de rehabilitación. A súa noiva, Yadira, visitábao a miúdo no cárcere. Juan Fernando ascendeu ás filas da dirección de menores do cárcere nun ano e medio. Non só isto, senón que tamén arranxou unha arma a través da súa moza, Yadira, en connivencia co persoal do cárcere. E agora planeaba escapar da prisión.

Un día do ano 1993, Juan Fernando Hermosa Suárez escapou do cárcere con dez fillos. Cando un policía intentou detelo, disparoulle.

Fuxiu a Colombia pero foi capturado de novo pouco despois e enviado de novo ao Centro de Rehabilitación Virgilio Guerrero. Foi posto en liberdade despois de completar a súa condena no ano 1996.

Despois da súa liberación, Hermosa foise vivir co seu pai a Nueva Loja, Sucumbios. O 28 de febreiro de 1996, no seu vixésimo aniversario, foi atopado misteriosamente morto á beira do río Aguarico no Lago Agrio. O seu rostro estaba moi mutilado e foi sometido a severas torturas antes da súa morte. O corpo foi cortado dun lugar a outro cunha machada e acribillado de balas, e as mans estaban atadas con cordas. Os documentos atopados na súa carteira axudaron a identificalo.

Nunca se sabe quen matou a Juan Fernando Hermosa. No caso da súa morte, os policías tampouco detiveron a ninguén nin identificaron a ningún sospeitoso.

O profesor de psicoloxía Marcelo Román dixo que o asasinato de Hermosa converteuse nunha forte posibilidade porque a súa pena de prisión era "irracionalmente curta" e que "as historias dos seus brutais crimes aínda estaban frescas na mente de moitos".

Así rematou este temido asasino en serie. A súa vida foi un signo de interrogación, e tamén a súa morte.

• • • •

• • • •

Milton Keynes UK
Ingram Content Group UK Ltd.
UKHW010849280324
440101UK00001B/103